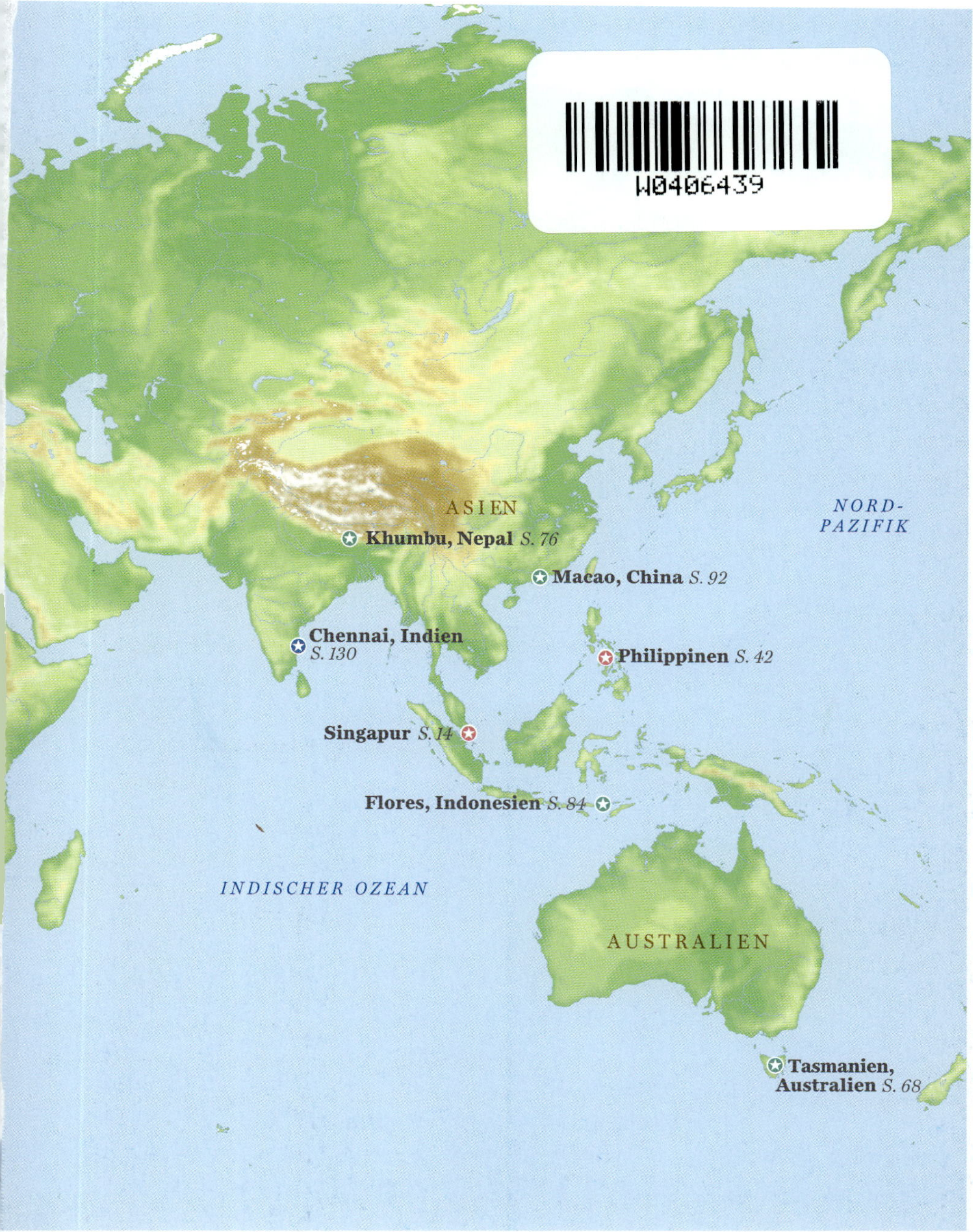
ASIEN
NORD-
PAZIFIK
Khumbu, Nepal S. 76
Macao, China S. 92
Chennai, Indien
S. 130
Philippinen S. 42
Singapur S. 14
Flores, Indonesien S. 84
INDISCHER OZEAN
AUSTRALIEN
Tasmanien,
Australien S. 68

lonely planet

Lonely Planet's Best in Travel 2015

Das Best in Travel Versprechen

Welches sind zurzeit die besten Reiseziele?

Unser Team selbsterklärter Reise-Freaks bringt es auf hunderttausende Kilometer pro Jahr rund um den Erdball. Und alljährlich fragen wir jeden bei Lonely Planet nach den aktuellsten Empfehlungen – unsere Autoren und Redakteure und unsere Internetgemeinde von Bloggern und Twitter-Nutzern.

Sie nennen uns hunderte Orte, an denen gerade Faszinierendes zu erleben ist, wo neue Aktivitäten für Reisende geboten werden oder sie erinnern an sträflich vernachlässigte Reiseziele. Ihre Liste wird von unseren Reisespezialisten auf nur 10 Länder, 10 Regionen und 10 Städte reduziert. Jedes Ziel auf der Liste wird entsprechend seiner Aktualität, seines einzigartigen Erlebnischarakters und seines „Wow"-Faktors ausgewählt. Wir berichten nicht nur über Trends, wir setzen sie – und wir helfen Ihnen, sie vor der großen Masse zu erreichen.

Kurz gesagt, auf den folgenden Seiten finden Sie das Sahnehäubchen der diesjährigen Reiseempfehlungen, mit freundlicher Empfehlung von Lonely Planet: 10 Länder, 10 Regionen, 10 Städte und jede Menge Listen mit Reisezielen, die Sie zu eigenen Erkundungen inspirieren sollen.

Worauf warten Sie also?

Top 10 Länder

Top 10 Regionen

96

Top 10 Städte

138

Top Reise-Listen

Es ist ein besonderes Jahr für Lonely Planets Best in Travel: Wir werden 10 Jahre alt!

Zum Jubiläum schauen wir zurück auf das letzte Jahrzehnt an Reisetipps unserer Kollegen von Lonely Planet weltweit – sie alle sind in dieser Zeit zahllosen heißen Tipps für **Best in Travel** *nachgegangen, um herauszufinden, ob an ihnen wirklich was dran ist …*

Top-Region 2014: Sikkim, Indien

Das majestätische Profil des Kangchendzönga über einer bewaldeten Berglandschaft, großartige rot und golden bemalte tibetische Klöster, herzhafte Gerichte der einheimischen Küche und Begegnungen mit scheuen Roten Pandas und Schneeleoparden – die Liste von Attraktionen, die mich immer wieder nach Sikkim locken, ist endlos. ● *Von Anirban Mahapatra, Lonely Planet Indien*

Top-Region 2013: Korsika

Meine Reise durch Korsika 2013 war eine erstaunliche Erfahrung. Ich wusste nicht, was mich erwartet; und ich fand eine wunderbare Mischung aus Wildnis und Strand. Vielleicht die größte Überraschung: Bonifacio mit seiner endlosen Felsenküste – ein unvergesslicher Ort.. ● *Von Núria Puig, Lonely Planet Spanien*

Top-Stadt 2012: London

Zunächst betrachtete ich die Olympischen Spiele in London skeptisch: Sie würden viel Geld kosten und ein Verkehrschaos anrichten. Und dennoch nahm ich dann selber an der Eröffnungszeremonie bei einer Tanzperformance im vollbesetzten Stadion vor Millionen Zuschauern in aller Welt teil. Meine Skepsis verflog, als ich sowohl während der Olympischen als auch der Paralympischen Spiele, eine Seite von London sah, die ich bisher nicht kannte. Es war, als zeigte die Stadt ein Lächeln, das besagte: „Wir haben es geschafft, wir haben es tatsächlich geschafft“. Dieses Gefühl von Stolz und Verwunderung hatte glücklicherweise über die berauschenden Sommertage von 2012 hinaus Bestand. ● *Von Clifton Wilkinson, Lonely Planet USA*

„Es war, als zeigte die Stadt ein Lächeln, das besagte: ‚Wir haben es geschafft, wir haben es tatsächlich geschafft‘“

Top-Stadt 2011: New York

Ich mochte das hektische Manhattan, aber verliebt habe ich mich in die coole Atmosphäre von Brooklyn: ein frisches Hummerbrötchen am East River, in den Secondhandläden von Williamsburg stöbern und einen ausgelassenen Strandtag auf Coney Island verbringen. ● *Von Emeline Gontier, Lonely Planet Frankreich*

Top-Land 2010: El Salvador

Ein Traumsommer in El Salvador: Von den Maya-Pyramiden in Tazumal ging's auf der Ruta de las Flores, an Vulkanseen und Kaffeeplantagen vorbei, zu einer Party am schwarzen Strand von El Tunco. Meine Freunde kamen aus der Hauptstadt dazu, und bei leckeren *pupusas* sprachen wir über mein schönstes LP-Abenteuer. ● *Von Tom Spurling, Autor bei Lonely Planet*

Top-Stadt 2009: Antwerpen

Als ich 2009 mit meiner Frau Antwerpen besuchte, fiel mir auf, dass der Stadt mit ihrer schrillen Mischung aus Alt und Neu die architektonische Harmonie ihrer bekannteren belgischen Schwesterstädte abgeht. Doch an ihrem Hauptbahnhof – dem schönsten, den ich je gesehen habe –, passt dieser Stilcocktail wunderbar: der Eingang mit Glas und Gusseisen im Retrostil und als Kontrast futuristische Bahnsteige auf mehreren Ebenen.

Faszinierend ist auch der Sint-Annatunnel. Der 500-m-Fußgängertunnel führt unter dem Fluss Schelde auf die andere Seite, wo man die Stadt aus einem anderen spektakulären Blickwinkel betrachten kann. ● *Von Alberto Capano, Lonely Planet Italien*

Top-Region 2008: Glacier-Nationalpark, USA

Nicht alle Berge sind gleich. Der Glacier-Nationalpark bietet

„Riesige Austern für einen Dollar pro Stück, dazu Wein, direkt aus dem Keller"

imposante, schneebedeckte Gipfel, Seen, Wasserfälle und Wildtiere – so erfreuen die Rocky Mountains ihre abenteuerlustigen Besucher. Wir bestaunten diese spektakulären Ausblicke von einsamen, aber gut gepflegten Wanderwegen aus. Wir waren besorgt über das Abschmelzen der Gletscher. Wir zelteten unter dem Sternenhimmel. All dies gab uns ein Gefühl, das im Alltag kaum zu finden ist: das Einssein mit dem Planeten. ● *Von Lou La Grange, Lonely Planet USA*

Top-Land 2007: Australien

Im Jahr 2007 pries unser Buch ein wildromantisches Tasmanien an, das großartiges Essen und ausgezeichnete Unterkünfte bot: Als besorgter junger Vater mit einer Vorliebe für naturnahes Reisen klang das nach einer perfekten Mischung. Und Tasmanien hielt, was man uns versprochen hatte: Kilometerlange Wege durch die Wildnis am Cradle Mountain waren kinderwagenfreundlich ausgebaut. Riesige Austern kosteten einen Dollar pro Stück, dazu tranken wir Wein direkt vom Kellerverkauf. Als wir mitten im Sommer in einen Schneesturm gerieten, taten wir es kleinen Beuteltieren, Wombats und Sittichen nach und verkrochen uns in unseren Bau – eine luxuriöse Holzhütte. ● *Von Piers Pickard, Lonely Planet Großbritannnien*

Top-Land 2006: Kroatien

Den denkwürdigsten Teil unseres Aufenthalts in Kroatien verbrachten wir auf Mljet, einer der südlichsten Inseln Dalmatiens. Unsere Tage drehten sich um drei Dinge: Meeresfrüchte, Schwimmen, Sonne! Jeden Tag lieferte der örtliche Bäcker (der sein Kommen mit Hupen ankündigte) frisches Brot, unser Kellner erntete buchstäblich die Muscheln direkt vom Pier, und unseren Koch beobachteten wir neugierig dabei, wie er in ein Boot stieg, ein paar 100 m hinausfuhr und ein Netz mit unserem Hauptgang heraufzog. ● *Von Georgina Leslie, Lonely Planet Australien*

SILWEN RANDEBROCK © GETTY IMAGES

Lonely Planets Top Ten Länder

SINGAPURS IMBISSSTÄNDE SIND DER STOFF VON LEGENDEN

© GETTY IMAGES

Singapur

Imposante historische Gebäude, quirlige Marktviertel, großzügige Grünflächen, glitzernde Einkaufspassagen und einiges Neues – das Singapur-Erlebnis erreicht neue Höhen

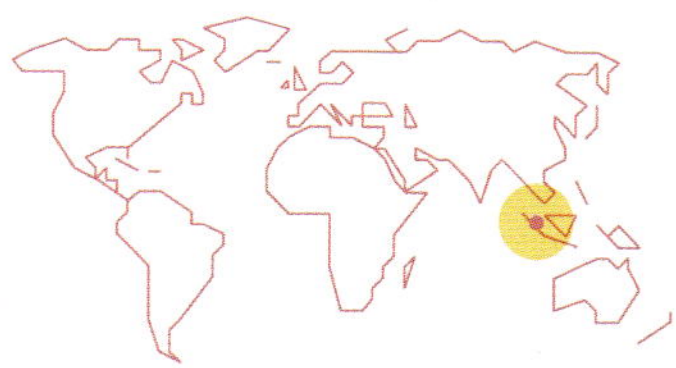

EVENTS | FOOD | FAMILY

Bevölkerung **5,4 Mio.**

Ausländische Besucher pro Jahr **15,5 Mio.**

Hauptstadt **Singapur**

Sprachen **Englisch, Malaiisch, Mandarin, Tamilisch**

Wichtige Wirtschaftszweige **Tourismus, Finanzwesen, Biomedizin**

Währung **Singapur-Dollar (S$)**

Kostenindex **Hähnchen mit Reis oder Schale Laksa-Suppe in Garküche ab 4 S$ (2,40 €), Kaffee-Kreation ab 7 S$ (4,20 €), Doppelzimmer Hotel/Hostel ab 88/17,5 S$ (52/10,50 €), Normalstrecke MRT (Metro) 1,30 S$ (0,80 €)**

1

Warum 2015 dorthin reisen?

> Singapur wird 50

Als eine der multikulturellsten Städte der Welt, hat Singapur fast täglich etwas zu feiern. Doch Asiens kleinster Staat hat 2015 einen zusätzlichen Anlass: Er begeht den 50. Jahrestag seiner Gründung.

Seit Unterzeichnung der Unabhängigkeitserklärung 1965 ging es mit Singapur ständig bergauf. Reisende fühlen sich seit Jahrzehnten von den imposanten historischen Gebäuden, quirligen Marktvierteln, großzügigen Grünflächen und glitzernden Einkaufspassagen angezogen, und viele neue Projekte heben das Singapur-Erlebnis auf ein neues Level.

Festivals & Events

Im Februar stoßen bei Chingay, Singapurs größter Straßenparade, feuerspeiende Drachen und Pyrotechnik aufeinander.

Halten Sie Geldbeutel (und Ellbogen) bereit für den Schlussverkauf beim Great Singapore Sale zwischen Ende Mai und Anfang Juli.

Im Juli kann man beim Singapore Food Festival sämtliche Spezialitäten verkosten und lernen, wie klassische malaiische, chinesische und indische Gerichte zubereitet werden.

Der Nationalfeiertag am 9. August ist Singapurs größtes Fest im Jahresverlauf, doch 2015 wird er wohl mit besonderem Aufwand gefeiert.

Da ist zunächst Marina Bay. Das neue Erholungsgebiet reicht von dem wie ein Boot geformten Marina Bay Sands Resort, das schon heute Kultstatus hat, bis zum surrealen Ökopark Gardens by the Bay und ist wie ein Vergnügungspark für die ganze Familie. Dann wäre da noch die Schar neuer, piekfeiner Hotels – zwischen dem W Singapore, dem Parkroyal on Pickering und dem Sofitel So Singapore ist es ganz schön schwierig, den Überblick über die aktuellsten Neueröffnungen zu behalten.

Rechtzeitig zu den Feierlichkeiten wird Singapur 2015 weitere neue Attraktionen eröffnen: die National Art Gallery und den Singapore Sports Hub, in dem die 28. Südostasiatischen Spiele stattfinden werden. Dazu wird das Metro-Netz an mehr als einem Dutzend Strecken ausgebaut, sodass es bald leichter wird, von A nach B zu kommen. Selbst der Flughafen Changi, der 2014 als bester der Welt

BUNTE LATERNEN BEIM CHINESISCHEN NEUJAHRSFEST TAUCHEN DIE MARINA BAY IN EIN LEUCHTENDES FARBENMEER

ausgezeichnet wurde, bekommt zwei neue Terminals und eine dritte Startbahn.

Neben all diesen Neuerungen hat Singapur auch noch eine Fashion-Szene aufgebaut, Kaffeespezialitäten populär und den Brunch hip gemacht. Eine Portion Chili-Krabben in Lau Pa Sat wird wohl nie out sein, doch Singapurs Gourmetszene fängt an, mit der von Bangkok, Hongkong und Tokio gleichzuziehen. Gleich zwei Restaurants erscheinen 2014 unter den Top 10 der „50 besten asiatischen Restaurants“, einer jährlichen Liste gesponsert von San Pellegrino und Acqua Panna. Nicht zu vergesssen, die schicke, neue Bar- und Restaurantmeile Club Street.

All dies zusammen lässt für die Feierlichkeiten zum 50. Jahrestag viel erwarten. Und bedenkt man, dass Einwohner unterschiedlicher Herkunft und unterschiedlichen Alters an den Planungen, auf welche Weise die Nation das Fest als „ein Volk“ feiern soll, beteiligt wurden, ist mit einem Jahr voller Partys zu rechnen.

Cool sind ...
der Park Gardens by the Bay, Hipster-Cafés, Sonntags-Brunch im Pan Pacific, das Restaurant André in der Club Street, grün sein

Uncool sind ...
die Luftverschmutzung (entsteht durch Brandrodung für Palmölplantagen in Indonesien), Metro-Pannen, das Avalon (der Mega-Club in Marina Bay gab nach nur zwei Jahren auf)

Lebensverändernde Erfahrungen

Neben den endlosen Verlockungen der Stadt und der wohltuenden Stille ihrer grünen Oasen ist das Essen Singapurs Hauptattraktion. Beginnen Sie den Tag mit knusprig-süßem Kaya-Toast, bevor Sie einen Kaffeekünstler in einem der hippen, neuen Cafés damit beauftragen, für Sie eines seiner Meisterstücke in einen Becher zu zaubern. Schlürfen Sie mittags an einem Imbissstand eine scharf gewürzte Laksa-Suppe und besuchen Sie abends eines der neuen Promi-Restaurants.

Jüngste Attraktion

Singapur ist fest in der Hand des Phänomens K-Pop, der koreanischen Pop-Musik. Wer die Castingshow *K-Pop Star Hunt* nicht kennt, ist out.

Wissenswertes und Originelles

- Jedem, der sich am Tag der Unabhängigkeit in Singapur aufhielt, wurde damals die Staatsangehörigkeit angeboten.
- Singapur löste 2014 Tokio als teuerste Stadt der Welt ab – die besten Dinge haben eben ihren Preis.
- Singapur hat die strengste Gesetzgebung in Bezug auf „Straftaten“ wie Kaugummi kauen und Pornografie (dazu gehört auch, in der Unterwäsche die Tür zu öffnen), die hart bestraft werden.

Seltsamster Anblick

Haw Par Villa. Sie wurde von Mitgliedern der Tiger-Balsam-Dynastie in den 1930er-Jahren erbaut. Der „Lustgarten“ mit Themen aus der chinesischen Mythologie enthält entsetzliche Darstellungen der Hölle – und ist eine der verwirrendsten und schauerlichsten Attraktionen der Welt.

● *Von Sarah Reid*

GIRAFFEN AUF DEM WEG ZU EINEM WASSERLOCH IM ETOSHA-NATIONALPARK IN NAMIBIA

VALENTIN WOLF © GETTY IMAGES

Namibia

Namibia, Heimat eindrucksvoller Landschaften, Menschen und Tiere, lohnt dank seiner Bemühungen um nachhaltige Entwicklung bei Tourismus und Naturschutz noch mehr

ADVENTURE | ACTIVITIES | OFF-ROAD

Bevölkerung **2,2 Mio.**

Ausländische Besucher pro Jahr **1,2 Mio.**

Hauptstadt **Windhoek**

Sprachen **Englisch (Amtssprache), Afrikaans, Deutsch, diverse Einheimischensprachen**

Wichtiger Wirtschaftszweig **Bergbau (Diamanten, Uran, Gold, unedle Metalle)**

Währung **Namibischer Dollar (N$)**

Kostenindex **Flasche Windhoek Lager 6.50 N$ (0,45 €), Campingplatz/Person 150 N$ (10,50 €), Safari-Lodge-Doppelzimmer 1000 N$ (70 €)**

2

Warum 2015 dorthin reisen?

> Das Land wird 25 und kommt in Schwung

Der goldene Sand Namibias wird silbern in diesem Jahr, zu Ehren des 25. Jahrestags der Unabhängigkeit des Landes. Das Land ist noch so jung, dass die Feierlichkeiten zum Vierteljahrhundert sicher beeindruckend und ausgedehnt ausfallen. Doch 2015 gibt es noch viel mehr zu genießen als nur den Jahrestag der Unabhängigkeit. Das Land mit seinen beeindruckenden Wüsten- und Gebirgslandschaften, Menschen und Tieren besticht mehr denn je durch den bahnbrechenden Fortschritt in Sachen Nachhaltigkeit im Bereich Naturschutz und Tourismus.

Namibia ist das erste afrikanische Land (und eines der wenigen Länder überhaupt), das den Umweltschutz in seiner Verfassung verankert hat. Das Land bestärkt lokale oder Stammesgemeinschaften darin, zum Umweltschutz beizutragen, und stellt sicher, dass sie gerecht an den Einkünften aus dem Tourismusgeschäft beteiligt werden. Fast ein Achtel der Bevölkerung nimmt an den Programmen teil, daher wurden heute schon mehr als 18 % des Landes zu Schutzgebieten erklärt. Dass außerdem 19 % des Staatsgebiets als Nationalpark oder Naturschutzgebiete ausgewiesen sind, trägt ebenfalls zum Erfolg bei. Heute lebt die größte Anzahl von Spitzmaulnashörnern und Geparden im Land und die Populationen – und Lebensräume – von Löwen und Giraffen werden, im Gegensatz zum übrigen Kontinent, größer.

Nachdem Berichte über Wilderei und Verlust von Biotopen in anderen Ländern Afrikas die Nachrichten eher dominieren, ist Namibias Erfolgsgeschichte allgemein noch nicht so bekannt. Das wird sich jedoch bald ändern, also ergreifen Sie die Gelegenheit beim Schopf und erkunden Sie das Land dieses Jahr, bevor alle kommen.

DAVID WALL PHOTO © GETTY IMAGES

Lebensverändernde Erfahrungen

Besteigen Sie eine der riesigen roten Sanddünen im Sossusvlei und beobachten Sie, wie die Morgensonne die Wüstenlandschaft buchstäblich in Flammen aufgehen lässt. Um das zu erleben, müssen Sie im Namib-Naukluft-Nationalpark im Sesriem Camp oder in der Sossus Dune Lodge übernachten, den einzigen Unterkünften, die eine Besteigung vor Sonnenaufgang erlauben.

Bis in den frühen Morgen kann man im Etosha-Nationalpark an einem der drei von Flutlicht erhellten Wasserlöcher sitzen und Großwild bestaunen.

Erleben Sie die reine, spektakuläre Schönheit der Skelettküste und ihrer Tierwelt (im Wasser und an Land) bei einem Safari-Flug in geringer Höhe.

ERKLIMMEN SIE DIESE MÄCHTIGE DÜNE IM NAMIB-NAUKLUFT-NATIONALPARK

Festivals & Events

Am 21. März wird Namibia 25 – am Unabhängigkeitstag stehen also große Jubelfeiern an.

Musiker, Tänzer, Dichter und Künstler aus vielen der kulturellen Gruppen Namibias zeigen sich Ende März beim /AE//Gams Art and Cultural Festival in Windhoek.

Im April ist in der Hauptstadt der Teufel los mit Live-Musik, Tanz und Slapstick-Darbietungen beim Windhoek Karneval. 2015 beginnt er mit dem Königsball am 10. und endet mit dem Kehraus (Highlight-Show) am 25. April.

Das Volk der Herero von Okahandja begeht Ende August den Maherero-Tag (Heldentag) mit einer Prozession durch die Stadt. Die traditionellen Kostüme sind eine Augenweide.

Klettern Sie bei Sonnenaufgang auf eine der turmhohen roten Sandünen im Sossusvlei und beobachten Sie, wie das erste Tageslicht die Wüste entflammt

Jüngste Attraktion

Selbstfahrer-Safaris. Mit seinen weiten Landschaften, den leeren Straßen und der interessanten Tierwelt ist Namibia der beste Ort Afrikas, um sich selbst ans Steuer zu setzen und das Land zu erkunden – insbesondere, seit der westliche Teil des Etosha-Nationalparks für den Individualverkehr geöffnet wurde.

Aktuelles Thema

Öl. Wie wird die Entwicklung rund um kürzlich entdeckte Offshore-Vorkommen die Küste des Landes und seine Wirtschaft beeinflussen?

Wissenswertes und Originelles

- Käfer, Echsen, Spinnen und verschiedene Pflanzen der Namib-Wüste sammeln ihr Trinkwasser, indem sie auf geniale Weise Dunst auf ihren Extremitäten kondensieren lassen.
- Die Goldene Radspinne entkommt ihren Verfolgern in der Wüste, indem sie mit eindrucksvollen 2600 Umdrehungen pro Minute Sanddünen herunterrollt.
- Obwohl die einsamen Strände von halb verwehten, gebleichten Walknochen übersät sind, hat die Skelettküste ihren Namen vom Schicksal, das Schiffbrüchige in dieser tödlichen Umgebung erwartete, falls sie sich an Land retten konnten.

Seltsamster Anblick

Kolmanskop, einst eine Diamantminenstadt mit Krankenhaus, Schule, Kirche, Theater, Kegelbahn und Kasino, wurde 1950 verlassen und den Wanderdünen der Namib-Wüste preisgegeben, als man andernorts reichere Diamantvorkommen gefunden hatte. Die halb verwehten Überbleibsel der Stadt geben ein surreales Sinnbild ab für die Macht der Natur und die Verschwendungssucht einer Wegwerfkultur.

● *Von Matt Phillips*

TAUCHEN SIE EIN IN DIE STIMMUNGSVOLLE ATMOSPHÄRE DER ALTSATDT VON VILNIUS

ARPAD BENEDEK © GETTY IMAGES

Litauen

Jede Menge Jubel und öffentliche Veranstaltungen werden den Beitritt des letzten baltischen Staates zur Euro-Zone begleiten

CULTURE | ACTIVITIES | VALUE

Bevölkerung **3 Mio.**
Ausländische Besucher pro Jahr **985.700**
Hauptstadt **Vilnius**
Sprachen **Litauisch, Russisch**
Wichtiger Wirtschaftszweig **Industrielle Fertigung**
Währung **Litas (Lt); Euro (€) in 2015**
Kostenindex **Flasche Švyturys-Bier 8 Lt (2,30 €), Essen im Restaurant pro Person 20–40 Lt (5,80–11,50 €), Doppelzimmer im Hotel 150–300 Lt (43–86 €)**

3

Warum 2015 dorthin reisen?

> Euros in Hülle und Fülle im Baltikum!

Ab 1. Januar gehört Litauen zur Familie ... jedenfalls zur Euro-Familie. Als neuestes Mitglied der Euro-Zone unternimmt das Land die letzten Schritte auf seinem Weg von Ost nach West, von einer Sowjetrepublik wider Willen zu einer durch und durch europäischen Nation. Als die 35 Künstler, die mit der Reformbewegung 1990 den Startpunkt für Litauens Streben nach Unabhängigkeit von der Sowjetunion setzten, wusste niemand, wohin das führen würde.

Für Reisende wird es nun deutlich einfacher, auf elektronischem Weg zu zahlen oder einen Geldautomaten zu finden. Dennoch, billiger wird es wohl nicht – was den Umrechnungskurs für den Übertritt betrifft, fragen sich 55 % aller Litauer nervös, was das für die Litas in ihrer Tasche bedeutet. Auf jeden Fall wird mit viel Jubel und öffentlichen Veranstaltungen gefeiert werden, wenn die letzte baltische Nation der Euro-Zone beitritt.

Lebensverändernde Erfahrungen

Bei Litauen denkt man nicht unbedingt gleich an wunderbare, unberührte Strände, doch genau das bietet die Kurische Nehrung, die sich südwärts in Richtung Russland erstreckt. Dort befinden sich Europas größte Wanderdünen. Einst war die Nehrung dicht bewaldet, doch die Bäume wurden vom 16. bis 18. Jahrhundert gefällt, weil das Holz für den Bau von Schiffen gebraucht wurde. Heute steht die Nehrung auf der Liste des Weltkulturerbes und ist der beliebteste Ferienort des Landes. Damit er attraktiv bleibt, erhalten Besucher, die bei der Abreise 120 Liter Müll mitnehmen, Freikarten.

Die barocke Altstadt des hübschen Vilnius – die größte Nordeuropas – hat Litauen den zweiten Welterbe-Eintrag eingebracht. Sie erinnert an Prag, ist aber weniger touristisch und besteht aus einem Gewirr von Gassen, gepflasterten Höfen und Häusern mit geschwungenen Giebeln. Standbilder und hie und da ein Zwiebelturm sorgen für russisches Flair, aber zum Glück werden einem nirgendwo Uschanka-Pelzmützen aufgedrängt.

Cool ist …
Eurobasket, der Eurovision Song Contest, Russland die Stirn bieten, besonders nach den Ereignissen auf der Krim

Uncool ist …
jede Andeutung, sich Russland wieder anzuschließen, besonders nach den Ereignissen auf der Krim

Besondere Attraktion

Die Liebe zum Basketball ist in Litauen tief verankert. Spiele zwischen litauischen und sowjetischen Teams standen sinnbildlich für die größeren Auseinandersetzungen im Kalten Kriegs. „Eurobasket" ist immer noch das Suchwort, das am öftesten in litauische Internet-Suchmaschinen eingetippt wird, und zehn ehemalige litauische Spieler haben es in die amerikanische NBA geschafft. Dass die Litauer im Schnitt 4 cm größer sind als andere Europäer, spielt vielleicht auch eine Rolle.

Der Berg der Kreuze bei Šiauliai ist eine Sammlung von etwa 100 000 Kruzifixen jeder erdenklichen Art und Größe

Wissenswertes und Originelles

- Mindaugas, der Litauen im 13. Jh. einte, war der erste und einzige Monarch des Landes.
- Litauen war die erste Sowjetrepublik, die ihre Unabhängigkeit erklärte, und so 1990 den Wandel einläutete.
- Vilnius ist stolz auf die weltweit einzige Frank-Zappa-Statue anstelle eines nach der Unabhängigkeit gestürzten kommunistischen Standbilds.

Seltsamster Anblick

Die wohl seltsamste Sehenswürdigkeit ist der Grūtas-Park, auch „Stalin-Welt" genannt. In einem bewaldeten Park, umgeben von Wachtürmen im Gulag-Stil, stehen heroische Arbeiterstandbilder und Büsten von Lenin und Stalin. Viliumas Malinauskas, der Gründer des Themenparks, besteht darauf, er mache sich mit dem Park über den Kommunismus lustig. Doch sein Plan, Touristen mit sibirischen „Deportationszügen" heranzukarren, wurde von den Behörden in Vilnius abgelehnt.

Fast ebenso seltsam ist der Berg der Kreuze in Šiauliai, eine Ansammlung von etwa 100 000 verwitterten Kreuzen jeder Art und Größe, die unter dem Gewicht von Rosenkränzen und Devotionalien ächzen. Nach Erhebungen gegen die russische Oberherrschaft 1831 wurden die ersten Kreuze aufgestellt, und auch heute noch ist jedes neue wilkommen.

By Joe Bindloss

DER UNHEIMLICHE BERG DER KREUZE BIETET EINEN FASZINIERENDEN ANBLICK

Festivals & Events

Das Vilnius-Festival im Juni umfasst eigentlich zehn Festivals mit Themen von klassischer Musik und Jazz bis hin zu Tanz, Theater und Film.

Im Juli findet in Klaipėda, Litauens einziger Hafenstadt, das jährliche Seefest mit Regatten, Live-Musik und einem riesigen Kunsthandwerkermarkt statt.

Im August wird im am Meer gelegenen Ort Karklė drei Tage lang beim nicht gerade einfallsreich benannten, aber außerordentlich unterhaltsamen Karklė Live Music Beach Festival gerockt.

DIE GELBE CATEDRAL DE GRANADA BEHERRSCHT DIE ANSICHT VON NICARAGUAS BERÜHMTESTER KOLONIALSTADT

TAN YILMAZ © GETTY IMAGES

Nicaragua

Erkunden Sie Nicaraguas (trotz der Einschusslöcher in den Mauern) malerische Kolonialstädtchen, seine fröhlichen Volksfeste und bezaubernd ursprünglichen Karibik-Inseln

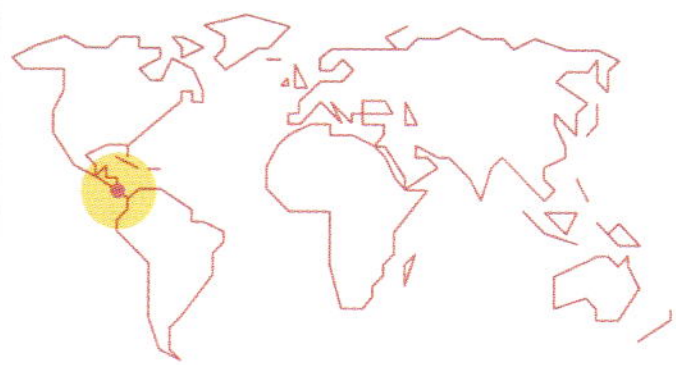

ADVENTURE | VALUE | ACTIVITIES

Bevölkerung **6,1 Mio.**

Ausländische Besucher pro Jahr **1 Mio.**

Hauptstadt **Managua**

Language **Spanisch (und Englisch an der Atlantikküste und auf den Inseln)**

Wichtige Wirtschaftszweige **Landwirtschaft, Tourismus**

Währung **Córdoba (C$)**

Kostenindex **Doppelzimmer Hotel/Mehrbettzimmer im Hostel ab 1000/260 C$ (28/7 €), kurze Taxifahrt 80 C$ (2,30 €), Flasche Toña-Bier 25 C$ (0,70 €), Nacatamal beim Straßenimbiss (Snack aus Maismehl) 20 C$ (0,60 €)**

4

Warum 2015 dorthin reisen?

> Lebendig-luxuriöses Lateinamerika

Nicaragua wird von vielen Erstbesuchern als „das neue Costa Rica“ gepriesen, und da es billiger, sicherer und weniger entwickelt ist als sein zentralamerikanischer Nachbar, ist das auch nachvollziehbar. Doch nach Ansicht der Menschen hier ist das Land keineswegs ein Nachahmer, sondern kann mit einer eigenen Geschichte, Kultur und Küche aufwarten.

Nichts lockt Backpacker mehr an, als die Chance, ein Schnäppchen zu machen, und unerschrockene Abenteurer kommen seit Jahren gerne klammheimlich in das ärmste Land auf dem lateinamerikanischen Festland, um die

Cool ist ...
die Smaragdküste, Little Corn Island, Öko-Lodges, der Preis von quesillos (Straßen-Snacks), macuás (der landesübliche Cocktail) gemixt mit Gold-Label Flor de Caña (dem einheimischen Rum) bei Sonnenuntergang

Uncool ist...
die Vereinigten Staaten „Amerika" zu nennen (Nicaraguaner sehen sich auch als Amerikaner), die Noch-Geheimtipps der Surf-Spots zu verraten, das Nicaragua-Kanalprojekt, ein Taxi in Managua zu bekommen

Wellen im abgelegenen San Juan del Sur zu reiten, einen aktiven Vulkan bei Léon runterzuboarden oder durch den Nebelwald auf der Isla de Ometepe zu wandern. Doch trotz hübscher (wenn auch von Einschusslöchern entstellter) Kolonialstädte, bunter, folklorischer Fiestas und bezaubernd unerschlossener Karibikinseln, lassen sich viele Reisende immer noch vom Ruf der kriegszerstörten Vergangenheit abhalten.

Doch dann eröffnete Mukul, das erste Fünf-Sterne-Resort des Landes, 2013 unter internationalem Beifall seine Pforten. Gleich darauf folgte das luxuriös-lässige Yemaya Island Hideaway and Spa auf Little Corn Island. Wie bestellt, erklärten die Vereinten Nationen Nicaragua dann zum zweitsichersten Land Lateinamerikas, und plötzlich wollte jeder diesen exotischen Winkel der Welt kennenlernen. Inzwischen hat sich das Land einen Namen als eines der neuen Top-Ziele für den Luxus-Öko-Tourismus gemacht, und Feinschmecker sind begeistert von den stilvollen Restaurants, die Managua, eine ehemalige „No-Go-Zone", in eine kulinarische Kapitale verwandeln.

Doch während Nicaragua sich eine grüne Zukunft ausmalt, droht ein umstrittener Plan zur Belebung der Wirtschaft, das Land wieder in die roten Zahlen zu bringen: Ein Kanal – Konkurrenz zum benachbarten Panamakanal – soll quer durchs Land gezogen werden. Es gibt also keinen besseren Moment als jetzt, das Land in seiner unberührten (und preisgünstigen!) Schönheit zu genießen.

Lebensverändernde Erfahrungen

Dass Nicaragua der Geburtsort des Volcano Boarding ist, untermauert seinen Ruf als Abenteurerpara-

DEN ULTIMATIVEN ADRENALINKICK GIBT'S BEIM VOLCANO BOARDING AN DEN HÄNGEN DES CERRO NEGRO IN NICARAGUA

MATTHEW MICAH WRIGHT © GETTY IMAGES

Dass Nicaragua der Geburtsort des Volcano Boarding ist, beweist schon, dass es den Ruf eines Abenteurer-Paradieses verdient.

dies. Probieren Sie's aus und schießen Sie auf einem flachen Brett die Ascheflanken des rauchenden Cerro Negro bei Léon herab, der ältesten Stadt Zentralamerikas. Oder besteigen Sie den Gipfel des majestätischen Vulkans Mederas auf der Isla de Ometepe. Das Land besitzt auch eine der wenigen Küsten, wo Surfer beim Line-Up ganz alleine sind. Taucher freuen sich auf das Riff vor den Corn Islands (Islas del Maiz) eines der unberührtesten der Karibik.

Acht Tage Ende September dauert das Fest von San Jerónimo, Nicaraguas berühmteste Fiesta, offiziell. Doch die ansonsten verschlafene Stadt Masaya hat es auf drei Monate erweitert, mitsamt Feuerwerk, Marimba-Bands, Umzügen, Drag Queens und vielem mehr – unvergesslich!

Jüngste Attraktion

Seit die Zeitschrift *Forbes* den von David McLay Kidd entworfenen Golfplatz im Luxusresort Mukul zu einem der „Top Five neuen Golfplätze, die man kennen muss" ernannt hat, zieht es prominente Golfer an die Smaragdküste.

Aktuelles Thema

Die Zerstörung von 400 000 ha Regenwald und Feuchtgebieten für den Bau von Nicaraguas Antwort auf den Panamakanal hat Umweltschützer aufgebracht. Sie meinen, das Projekt bedrohe die Wasserwirtschaft, zerschneide Wanderrouten der Wildtiere und schade bedrohten Tierarten.

Seltsamster Anblick

In Léon trifft man überall auf Horden aschebedeckter Traveller, die sich im Bigfoot Hostel einen Après-Boarding-Mojito genehmigen. Der vormals australische Eigentümer soll den Sport vor zehn Jahren erfunden haben. Den Spaß sollte man sich auf keinen Fall entgehen lassen. ● *Von Sarah Reid*

Festivals & Events

Granadas International Poetry Festival (Februar) wird von Verseschmieden aus aller Welt besucht. Außerdem geben einige der besten nicaraguanischen Musiker Konzerte.

Am 19. Juli, dem Revolutionstag Nicaraguas, bekommem Besucher zu spüren, wie sehr die Bürger ihren Präsidenten Daniel Ortega lieben: Hunderttausende von Getreuen schwenken dann ihre rot-schwarzen Flaggen in der Hauptstadt.

VON VALENTIA ISLAND ERÖFFNET SICH EIN SPEKTAKULÄRER AUSBLICK AUF DIE IVERAGH-HALBINSEL IM COUNTY KERRY

JORG GREUEL © GETTY IMAGES

Irland

2015 ist das Jahr des Wild Atlantic Way: Die 1500 km lange Küstenstraße wird als Gegenstück zum kalifornischen Pacific Coast Highway und Australiens Great Ocean Road gehandelt

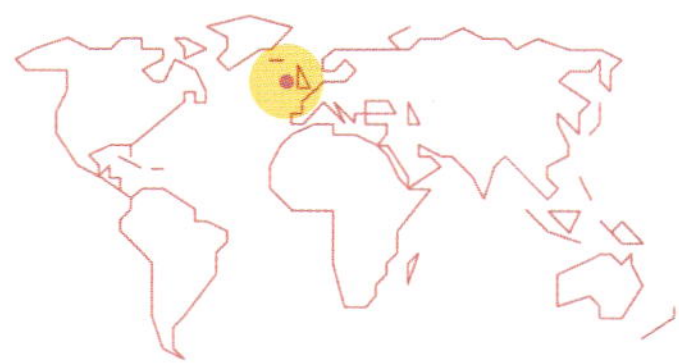

CULTURE | EVENTS | ACTIVITIES

Bevölkerung **6,4 Mio. (4,59 Mio. in der Republik, 1,81 Mio. in Nordirland)**

Ausländische Besucher pro Jahr **7,5 Mio.**

Hauptstadt **Dublin**

Sprachen **Englisch, Irisch**

Wichtige Wirtschaftszweige **Export, vor allem Textilien, Maschinen und Lebensmittel**

Währung **Euro (€)**

Kostenindex **Pint Guinness 5–6 €, Doppelzimmer im Mittelklassehotel 60–120 €, Mietwagen (Mittelklasse) pro Tag 45 €, Runde Golf auf einem Topklasse-Court 80–150 €**

5

Warum 2015 dorthin reisen?

> Um Mythos von Wahrheit zu trennen

Irland war schon immer eines der Sehnsuchtsländer der Deutschen. Das Land ist klein und doch weltbekannt, dank Millionen von Auswanderern, die Irland verließen, um nicht mehr hungern zu müssen.

Von weit weg wird die Heimat immer verklärt, und wenn sich das über Generationen erstreckt, dann ist da viel Liebe zur alten Heimat vorhanden. Dabei haben die meisten Auslands-Iren ein falsches, romantisches Bild im Kopf, von Schafherden auf der Straße und Cottages mit Strohdächern. Dem modernen Irland mit seinen Autobahnen und Latte macchiatos, das sich die

Einheimischen hart erarbeitet haben, entspricht dies keineswegs. Noch gibt es keine Folksongs über Breitband-Internet auf den Aran-Inseln, aber ganz schön viel Diskussion darüber.

Doch die Iren wissen gut, mit welchen Pfunden sie wuchern können, was die Touristen jedes Jahr nach Irland lockt und womit sie Geld verdienen, mit schönen Landschaften nämlich, mit Traditionen und einem herzlichen Empfang. Hinter dem ganzen Tourismusrummel steckt jedoch das wahre Irland: die Landschaft ist atemberaubend, die Traditionen – Musik, Tanz, Whiskey und Bier – werden gepflegt, und die heutigen Iren sind genauso herzlich wie ihre Vorfahren.

2015 ist das Jahr des Wild Atlantic Way, einer 1500 km langen, malerischen Küstenstraße, die als Gegenstück zum kalifornischen Pacific Coast Highway und Australiens Great Ocean Road gehandelt wird. Sie schlängelt sich von Donegal nach Cork die zerklüftete Küste entlang. Beginnen Sie die Reise mit einer Krabbenmahlzeit in Inishowen und belohnen Sie sich mit geräuchertem Lachs in Kinsale. Auf dem Weg erkunden Sie Connemara, die Aran-Inseln, die Musikbars von County Clare und die fantastische Szenerie des County Kerry. Go west!

Lebensverändernde Erfahrungen

Das Beste, was das Land bieten kann, sind die Iren selbst. Nehmen Sie an einer Musik-Session in einem kleinen Pub in County Clare teil. Schließen

Festivals & Events

St. Patrick's Day am 17. März ist heutzutage zu einem Festival geworden, das sich drei bis vier Tage hinzieht, mit Feuerwerken, Konzerten und Paraden für die Kinder. Und einer Tour durch die Bars für die Erwachsenen.

Im Sommer jagt in Galway ein Festival das andere. Den Anfang macht das Galway Arts Festival im Juli, gefolgt vom Film Festival und der Pferderennwoche im August und dem Austern-Festival im September.

All-Ireland Finals: Der zweite und vierte Sonntag im September sind die größten Sporttage des Jahres, denn dann finden im Croke Park Stadium die Meisterschaften im Gaelic Football und im Hurling statt.

Gegen Winterdepression hilft das Beste, was es an traditioneller Musik und Tanz im Land gibt – fünf Tage im November mit Sessions, Meisterkursen, CD-Vorstellungen und einer *céilí* (Party) beim Ennis Trad Festival in Ennis im County Clare.

Das Beste, was das Land bieten kann, sind die Iren selbst.

Sie sich einem Wanderverein an und ziehen Sie mit ihm an einem milden Sonntagnachmittag über Land. Surfen Sie am Rossnowlagh Beach im County Donegal, oder kommen Sie bei einem Glas Bier ins Gespräch mit den Leuten am Tisch nebenan. Diese Kontakte sind es, wegen derer Sie wiederkommen möchten.

Aktuelles Thema

Natürlich die Wirtschaft! Und die zur Verantwortung zu ziehen, die sie ruiniert haben. Die Finanzkrise hat die irische Wirtschaft fünf Jahre lang gebeutelt und das Land gezwungen, sich unter den ungeliebten Europäischen Rettungsschirm zu begeben, den es 2013 aber wieder verlassen konnte. Nun wird nach dem Warum und – vor allem – nach dem Wer gesucht.

Wissenswertes und Originelles

- Halloween entstand aus dem irische Erntedankfest Samhain.
- Das Weiße Haus in Washington wurde vom irischen Architekten James Hoban entworfen, der sich am Leinster House orientierte, heute Sitz des Parlaments.
- Der englische Ausdruck „by hook or by crook“ („mit allen Mitteln") bezieht sich auf Oliver Cromwells Versuche, Waterford im 17. Jh. über die Halbinsel Hook Head oder das Dorf Crook einzunehmen.

Seltsamster Anblick

Ein Ziegenbock wird zum König gekrönt und alle trinken drei Tage lang – so feiert Killorglin im County Kerry das Puck Fair, ein Volksfest mit vorchristlichen Wurzeln. ● *Von Fionn Davenport*

RICH REID © GETTY IMAGES

SURFEN LERNEN AM ROSSNOWLAGH BEACH IN DER DONEGAL BAY: EINE ERFRISCHENDE ART, DIE BEKANNTSCHAFT MIT DEN GEWÄSSERN DES NORDATLANTIKS ZU MACHEN

EINE BEGEGNUNG MIT DEM WESTLICHEN FLACHLANDGORILLA IM KONGO KANN EINE DEMUT ERWECKENDE ERFAHRUNG SEIN

© STUART BUTLER

Republik Kongo

Für jene, die dem Ruf der Wildnis folgen wollen und sich nicht vor echten, unverfälschten Abenteuern fürchten: Der Kongo ruft

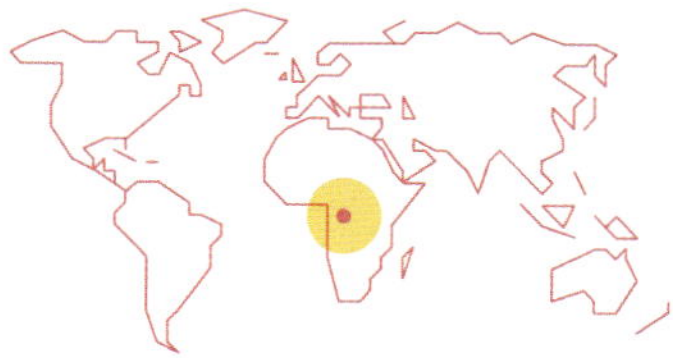

ADVENTURE | ACTIVITIES | CULTURE

Bevölkerung **4,3 Mio.**

Ausländische Besucher pro Jahr **85000**

Population an Westlichen Flachlandgorillas **ca. 125000**

Hauptstadt **Brazzaville**

Sprachen **Französisch, Lingala, Munukutuba**

Wichtige Wirtschaftszweige **Öl, Holz**

Währung **Zentralafrikanischer Franc (CFA)**

Kostenindex **Genehmigung zum Gorilla-Trekking 190000 CFA (290 €), siebenstündige Busfahrt 19.000 CFA (29 €), Zimmer in preiswertem Hotel 10000–16600 CFA (15–25 €)**

6

Warum 2015 dorthin reisen?

> Der Urwald im Kongo ist zum Ausflippen

Der Kongo. Schon allein der Name ruft exotische Assoziationen von brütender Hitze hervor, von dichtem Urwald, Gorillas, die sich auf die Brust trommeln, Raddampfern auf den braunen Fluten kilometerbreiter Flüsse, von Pygmäen, die den Waldgöttern huldigen, Elefantenherden und kreischenden Schimpansenhorden. Die Volksrepublik Kongo (nicht zu verwechseln mit der benachbarten, eher instabilen Demokratischen Republik Kongo) ist auf dem Höhepunkt einer neuen Ära: Sie verfügt über Ölvorkommen und Nutzholz, eine rapide wachsende Infrastruktur und ist nach vielen turbulenten Jahren nun sicher und stabil. Darüber hinaus hat das Land mit seinen vielen Nationalparks und Schutzgebieten in fast unberührten Urwäldern voller Menschenaffen und Elefanten das Potenzial, Afrikas Top-Reiseziel für den Ökotourismus zu werden.

Noch sind Auslandstouristen so rar wie Albino-Gorillas, aber die kongolesische Regierung gedenkt, dies zu ändern, und hat die Einnahmen im Visier, die der Safari-Tourismus Ländern wie Kenia und Tansania in die Kassen spült. Die Verantwortlichen wissen, dass es die Primaten und Elefanten (Albino hin oder her) sind, die die Touristen anlocken. Seit etlichen Jahren engagiert sich das Land daher in der Aufwertung alter und Gründung neuer Nationalparks sowie dem Ausbau der Tourismus-Infrastruktur.

Vor Kurzem erst wurden zwei exklusive Safari-Lodges tief in den von Gorillas bewohnten Wäldern des Nationalparks Odzala eröffnet. Hier können Besucher ihren inneren Tarzan ausleben, in Pirogen das Flussnetz durchpaddeln und relativ bequem und sicher der kongolesischen Megafauna begegnen. Für all jene also, die dem Ruf der Wildnis folgen wollen und die sich nicht vor echten, unver-

ÜBERALL IM KONGO WERDEN STRASSEN AUSGEBAUT, UND ES WIRD SO LEICHT WIE NIE ZUVOR, DEN URWALD ZU ERKUNDEN

fälschten Abenteuern fürchten: Der Kongo ruft.

Lebensverändernde Erfahrungen

Von einem barfüßigen BaAka (Pygmäen) durch den sumpfigen Urwald geführt zu werden, um eine rauflustige Familie westlicher Flachlandgorillas aus der Nähe zu beobachten, kann eine inspirierende Erfahrung sein, aber auch eine, die einen demütig machen kann – oder richtiggehend Angst, dann nämlich, wenn ein ausgewachsener Silberrücken auf einen zudonnert.

Jüngste Attraktion

Straßen. Für uns eine ganz normale Einrichtung, sind sie im Kongo seit Menschengedenken nichts als ein Aufeinanderfolgen schlammiger Schlaglöcher. Dieser Tage sind überall Arbeitstrupps am Werk, die die Straßen asphaltieren und selbst solche Gebiete erschließen, die, naja, eigentlich nie zuvor erreichbar waren.

Aktuelles Thema

Die Presse berichtet weltweit (was leider nicht viel ändert), dass die steigende Nachfrage einiger asiatischer Länder nach Elfenbeinprodukten eine wahre Plage an Wilderei auslöst, die den Elefantenbestand in ganz Afrika dezimiert. Am schwersten betroffen sind die kaum überwachten und schlecht geschützten Wälder Zentralafrikas. Experten befürchten, dass die Elefanten in dieser Region innerhalb eines Jahrzehnts ausgerottet sein könnten.

Festivals & Events

Populäre Festivals und Veranstaltungen sucht man im Kongo vergebens. Auf lokaler Ebene werden Hochzeiten, Beschneidungen, Beerdigungen und Geburten gefeiert, und die Pygmäen tanzen zu Ehren der Waldgeister. Doch diese Art von Festlichkeiten entstehen naturgemäß immer spontan, und nur durch Zufall käme man dazu, sie beobachten zu können. Auf staatlicher Ebene wird am 15. August der Nationalfeiertag begangen. Mit Militärparaden in Brazzaville und andernorts wird dann die Unabhängigkeit von Frankreich gefeiert.

Seltsamster Anblick

Im äußersten Norden des Kongo, mitten in einem nahezu unerforschten und unerschlossenen sumpfigen Waldgebiet, liegt der fast kreisrunde Télé-See (Lac Télé). Diese Gegend ist eine der entlegensten Afrikas, und in den Wäldern um den See sollen an die 100 000 Flachland-Gorillas leben, nebst Horden von Schimpansen, Herden von Waldelefanten und Büffeln und dazu noch BaAka-Pygmäen, die einen fast urtümlichen Lebensstil pflegen. Die BaAka dort erzählen, dass im Télé-See ein weit mächtigeres Ungetüm als ein Gorilla lebt, nämlich das legendäre *mokèlé-mbèmbé*, ein riesiges Reptil, das einem Sauropoden (einer längst ausgestorbenen Dinosaurierart) ähneln soll.

● *Von Stuart Butler*

Hier kann man den inneren Tarzan ausleben, in Pirogen das Flussnetz durchpaddeln und relativ bequem und sicher der kongolesischen Megafauna begegnen.

TIM MAKINS © GETTY IMAGES

DIE ST.-MARKUS-KIRCHE IN BELGRAD BLITZT ZWISCHEN SCHNEEBEDECKTEN BÄUMEN HERVOR

Serbien

In puncto Party, Leidenschaft und Persönlichkeit ist dieses kleine – und momentan erstaunlich preisgünstige – Land eines der bestgehüteten Geheimnisse Europas

EVENTS | CULTURE | OFF-ROAD

Bevölkerung **7,2 Mio.**

Ausländische Besucher pro Jahr **921800**

Hauptstadt **Belgrad**

Landessprache **Serbisch**

Wichtige Wirtschaftszweige **Dienstleistungen und Landwirtschaft (weltgrößter Himbeer-Exporteur)**

Währung **Serbischer Dinar (RSD)**

Kostenindex **Zimmer in Hostel pro Nacht 1140 RSD (9,70 €), 1 Liter hausgemachter *rakija* 500 RSD (4,20 €), *Trubači*-Serenade, ein Lied 300 RSD (2,50 €), Tages-Skikarte in der Hauptsaison 3550 RSD (28 €)**

7

Warum 2015 dorthin reisen?

> Hinfahren, so lange es dort immer besser wird

Serbien: Backpacker-Busse durch den Balkan fahren daran vorbei, zu „unproblematischeren" Nachbarländern wie Kroatien und Bulgarien. Der Verlust von Montenegro bedeutet, dass es keinen Zugang mehr zur Küste hat. Die Leute verwechseln es mit Sibirien. Es ist der Geburtsort heutiger Tennislegenden, deren Namen aber niemand aussprechen kann. Und dann ist da noch diese undeutende Fußnote, dass es international geächtet war. In puncto Party, Leidenschaft und Persönlichkeit ist dieses kleine – momentan erstaunlich preisgünstige – Land aber eines der bestgehüteten Geheimnisse Europas.

Mit dem Hinfahren müssen Sie sich sputen, denn das Land macht heute nur noch positive Schlagzeilen. Das mehrere Genres umfassende Exit Festival in einer mittelalterlichen Festung in Novi Sad wurde vor Kurzem mit dem Titel Best Major European Festival ausgezeichnet. Es entstand aus einem Protest gegen Slobodan Milošević im Jahr 2000 und findet seit15 Jahren im Juli statt. Belgrad mit seinen schwimmenden Nachtclubs wird im gleichen Atemzug mit Berlin und Ibiza genannt. Frischluftaktivitäten wie Hammer-Skiabfahrten in Kopaonik, Spa-Hopping in Vrnjačka Banja oder Rafting auf der Drina – alles spottbillig – lockt Abenteuerlustige von den teuren und überlaufenen Orten des „anderen Europa" weg.

Bis heute ein ungelöstes Rätsel sind die Serben an sich. Berühmte Landsleute wie Filmdirektor Emir Kusturica, Gewinner der Goldenen Palme, die kontroverse Performance-Künstlerin Marina Abramovic und ein gewisser Novak Đoković stehlen ihren Landsleuten die Schau, wo doch die Menschen der größte Pluspunkt Serbiens sind. Geradeheraus, lebensfroh und immer bereit, Besucher mit offenen Armen und einem Gläschen *rakija* (schwarzgebranntem Schnaps) zu empfangen, sind sie weit mehr, als die stereotypen Bösewichter in Hollywoodfilmen.

2015 rückt Serbiens Beitritt zur EU näher, und das bringt viele Änderungen mit sich – auch mehr Touristen. Kommen Sie also schnell, bevor der *rakija* ausgeht.

Das alle Genregrenzen sprengende Exit Festival in einer mittelalterlichen Festung in Novi Sad wurde vor Kurzem mit dem Titel Best Major European Festival ausgezeichnet

Festivals & Events

Das Exit Festival rockt die Festung Petrovaradin in Novi Sad im Juli bis auf die Grundmauern: 200 000 Zuschauer, eine Menge Preise und Millionen fehlender Hirnzellen können nicht irren. 2015 jährt sich das Fest zum 15. Mal – das wird gefeiert!

Im August ist *viel* los: Belgrad feiert sein viertägiges Bierfest; Niš bereitet das Jazz-Event Nišville vor; und der Großvater all dieser Feten, das Trompeten-Festival von Guča, ist ein viertägiges Gelage mit Bier und Blechbläsern, die sich die Seele aus dem Leib trompeten ... im allerbesten Sinne.

Lebensverändernde Erfahrungen

Gehen Sie dahin, wo es in der Straße am lautesten ist – egal, welche Straße. Es wird eine *kafana* sein, eine Art Pub oder Taverne, aber mit mehr Geschrei und Rauch. Dort frönen die Serben ihrem Lieblingslaster: dem Streiten. Sollten dabei Flaschen zu Bruch gehen, keine Sorge: Das dient nur zur Unterstreichung eines Arguments. Wenn Sie Glück haben, werden Sie von einer *trubači*-Band beglückt. Die *kafanas* sind das wahre Serbien.

In den Bergen können Sie echtes Landleben erfahren: Mokra Gora ist ein verschlafenes Schafhirtennest im Westen, doch gibt es dort mehr zu tun, als nur wiederzukäuen, z. B. mit dem Dampfzug Šargan gefährliche Bergpässe überqueren, das

DAS LEGENDÄRE EXIT FESTIVAL WIRD DIESES JAHR 15 – ERWARTEN SIE ALSO EINE NOCH GRÖSSERE PARTY ALS SONST

von Emir Kusturika für den Film *Das Leben ist ein Wunder* erbaute Dorf in Drvengrad besuchen oder ausgiebig *rakija* und *roštilj* (Grill) genießen und dann versuchen, gestützt von fürsorglichen Nachbarn, gerade zu gehen.

Verlieren Sie sich in Belgrads Mini-Montmartre, im malerischen Skadarlija mit seinen gepflasterten Gassen und lärmenden Gasthäusern, alternativen Galerien und herumziehenden Straßenmusikanten.

Serbien ist generell nicht gerade leise, aber man findet stille Rückzugsorte in den vielen mittelalterlichen Klöstern des Landes. Fruška Gora hat die höchste Konzentration orthodoxer Klöster, alle 16 aufgereiht entlang einer 50 km langen Strecke durch bewaldete Berge und alte Weingärten.

Gehen Sie im September nach Leskovac im Süden zum Roštiljijada (Grillfest) und futtern Sie sich durch den diesjährigen größten *pljeskavica* (serbischer Hamburger). Der Gewinner in einem der Vorjahre wog 51 kg.

Seltsamster Anblick

Đavolja Varoš (Teufelsstadt) ist eine schräge Schar von 202 natürlichen Steinpyramiden, die gespenstisch über einem säurehaltigen, roten Fluss voller Mineralien aufragen. Die Steinfiguren – zwischen zwei und 15 m hoch und mit einem „Kopf" aus Vulkangestein – sollen Gäste einer inzestuösen Hochzeit sein, die von einem erzürnten Gott versteinert wurden. ● *Von Tamara Sheward*

EIN SANDIGES, SONNEN-
DURCHFLUTETES PARADIES
WARTET AUF DEN PHILIPPINEN

RAIN JORQUE © GETTY IMAGES

Philippinen

Offiziell ist 2015 das „Visit the Philippines Year“. Und wenn die Filipinos eines können, dann ist es, eine Party schmeißen – mit Umzügen, Food-Festivals, Sport-Events und Live-Musik

ACTIVITIES | ADVENTURE | OFF-ROAD

Bevölkerung **99 Mio.**

Ausländische Besucher pro Jahr **4,6 Mio.**

Hauptstadt **Manila**

Sprache **Filipino (Tagalog)**

Wichtigster Wirtschaftszweig **Landwirtschaft**

Währung **Peso (₱)**

Kostenindex **Flasche San-Miguel-Bier 50 ₱ (0,85 €), Doppelzimmer im Hotel 1000–2000 ₱ (17–34 €), Sauerstofffüllung für einen Tauchgang 1500–1800 ₱ (25–30 €)**

8

Warum 2015 dorthin reisen? > Vielleicht markiert dieses Jahr den Durchbruch für die Philippinen?

Viele sind der Meinung, dass die Philippinen schon längst als das nächste große Reiseziel in Südostasien anerkannt sein sollten. Das Land hat mehr als 7100 Inseln (Thailand dagegen nur bescheidene 1430) und die weltweit schönsten Küstengebiete mit weißen Palmenstränden; es bietet fantastische Tauchmöglichkeiten an Korallenriffen und Urlaubsorte mit palmwedelgedeckten Hütten, wie zu Zeiten, als die Beach Boys noch die Charts anführten.

Offiziell ist 2015 das „Visit the Philippines Year“, und die Regierung sorgt für spezielle Events, um den Archipel besser bekannt zu machen. Und wenn

Cool ist ...
Friede, dank der Unterzeichnung eines historischen Abkommens zwischen der Regierung und der MILF (Moro Islamic Liberation Front).

Uncool ist ...
der Klimawandel: 2013 war eines der schlimmsten Taifun-Jahre seit Menschengedenken und brachte den verheerenden Tropensturm Haiyan.

EINER DER LEGENDÄREN JEEPNEYS IN SANTA CRUZ WARTET AUF PASSAGIERE

die Filipinos eines können, dann ist es, Partys schmeißen. Es wird Umzüge geben, Food-Festivals, Sportveranstaltungen und Live-Musik-Shows, die großzügig von führenden Firmen wie San Miguel and Beer Na Beer gesponsert werden. Da die Filipinos Live-Musik mögen, herrscht sowieso fast jeden Abend Partystimmung. Nachdem Philippine Airlines vor Kurzem die Genehmigung für Direktflüge nach Europa, Amerika und Australien bekommen hat, worauf warten Sie dann noch?

Lebensverändernde Erfahrungen

Jede Menge! Klammern Sie sich mal hinten an einen Jeepney an, der durch die hektischen Straßen von Manila düst. Jeepneys sind den nach dem Zweiten Weltkrieg zurückgelassenen Jeeps der US-Armee nachempfunden und halb öffentlicher Bus, halb Kunstinstallation, mit extravaganter Chromverzierung, maßgefertigter Polsterung, Hunderten von Abziehbildern und Dutzenden überflüssiger Scheinwerfer. Ein- und Aussteigen geschieht blitzartig, dann geht es mit Hupen und lauter Musik zurück in den Verkehr, bis zum nächsten Stopp.

Jüngste Attraktion

Ohje, nach was sind die Filipinos gerade nicht verrückt? Sie lieben die neuesten Trends und Moden, ob Jojos oder *sellotape selfies* (ganz recht, das sind Porträts des eigenen, mit Klebstreifen verunstalteten Gesichts) – alles kommt hier an und wird voll ausgelebt. Die Stadt Makati wurde vor Kurzem als *world's selfiest city* gefeiert. Ein Trend, dem hier ständig gehuldigt wird, ist Karaoke – allein oder in Gesellschaft. Die Filipinos lieben es einfach, zu singen. Kein Fest und kein Geschäftstreffen ist komplett, ohne dass schnell noch die letzten Hits auf der Karaoke-Maschine abgespielt werden.

Aktuelles Thema

Fleischfressende Bakterien und apokalyptische Prophezeiungen. Ein Zeitungsartikel über eine neue Hautkrankheit in der Provinz Pangasinan rief 2014 eine allgemeine Panik hervor, als die Menschen den Bezug zur Weltuntergangsprophezeiung eines indischen Heiligen herstellten. In wenigen Stunden wurde #PrayForPangasinan von über 80 000 Leuten getwittert. Filipinos sind offiziell zwar meist katholisch, aber auch abergläubisch und glauben an Wunderheiler ebenso sehr wie an *kulam* (Hexenglauben).

Wissenswertes und Originelles

- Die Farben der philippinischen Fahne werden im Krieg umgedreht. Wenn Sie den roten Streifen oben sehen, dann gnade Ihnen Gott …
- Das moderne Jojo wurde von einem Filipino erfunden. „Jojo" heißt auf Tagalog „komm zurück".
- Auf den Philippinen werden täglich 1,39 Milliarden SMS verschickt.

Seltsamster Anblick

Live-Kreuzigungen. Aber keine Angst, die tiefgläubigen Christen, die sich am Karfreitag jeden Jahres in San Fernando de Pampanga vorübergehend kreuzigen lassen, tun dies absolut freiwillig. Es wird als Zeichen höchster religiöser Hingabe angesehen, und anscheinend kann man davon süchtig werden: Der ehemalige Bauarbeiter Ruben Enaje lässt sich seit 1985 jedes Jahr kreuzigen.

● *Von Joe Bindloss*

Diese Fahrzeugwunder schmücken sich mit extravaganter Chromverzierung, maßgefertigter Polsterung, Hunderten von Abziehbildern und Dutzender überflüssiger Scheinwerfer

Festivals & Events

Volkstümliche Kostüme, extravagant modern ausgeschmückt, sind das Thema beim Ati-Atihan-Festial in Kalibo in der Provinz Aklan vom 17. bis 19. Januar.

Am letzten Sonntag im Januar feiert Iloilo City das Dinagyang-Festival mit Straßenumzügen und den verrücktesten Umzugswagen diesseits des Karnevals.

In der Karwoche (29. März bis 4. April 2015) verkleiden sich Männer beim Moriones-Festival als römische Centurionen und durchsuchen die Insel Marinduque nach Longinus, der Jesus einst seinen Speer in die Seite stieß.

DAS FISCHERSTÄDTCHEN CANARIES AUF ST. LUCIA SÄUMT DIE KURVENREICHE STRASSE AN DER WESTKÜSTE

ORIETTA GASPARI © GETTY IMAGES

St. Lucia

Nutzen Sie aus, dass andere es versäumen – und besuchen Sie 2015 St. Lucia. Ausgeschlossen, dass ein derart bezaubernder Ort noch lange ein Geheimtipp bleiben kann

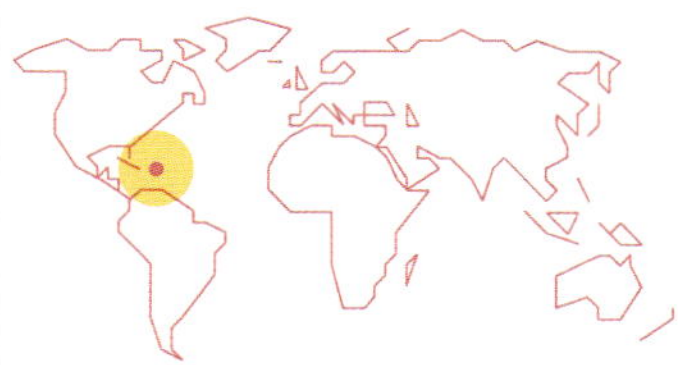

ACTIVITIES | ADVENTURE | OFF-ROAD

Bevölkerung **673.000**

Ausländische Besucher pro Jahr **350.000**

Hauptstadt **Castries**

Sprachen **Englisch, Patois (ein kreolischer Dialekt)**

Wichtige Wirtschaftszweige **Tourismus, Bananenexport**

Währung **Ostkaribischer Dollar (EC$)**

Kostenindex **Bier in der Strandbar 5 EC$ (1,40 €), Doppelzimmer in pittoreskem Resort in der Hochsaison 662 EC$ (180 €), Fahrt im Minibus 1.50 EC$ (0,40 €), Sauerstoff für einen Tauchgang 105 EC$ (30 €)**

9

***Warum 2015 dorthin reisen?** > Besuchen Sie dieses kleine Inselparadies, bevor der große Ansturm kommt*

Diese hinreißend schöne Insel mit ihren smaragdgrünen Bergen und goldenen Stränden lockt das ganze Jahr über. Die Hauptstadt Castries bietet Geschäfte, Restaurants und Sehenswürdigkeiten. Mit erstklassigen Tauch- und Schnorchelmöglichkeiten, erwanderbaren Regenwäldern und einem Drive-In-Vulkan (ja, ganz richtig) ist alles da, was das Herz eines Abenteurers, der sich abseits der ausgetretenen Pfade bewegt, höher schlagen lässt.

Die Natur auf St. Lucia ist einfach umwerfend. Man kann im warmen Wasser mit Delfinen schwimmen, mit dem Fernglas Papageien beobachten, den

Riesenschildkröten am Grand-Anse-Beach beim Eierlegen zusehen oder auf einen Iguana stoßen, der sich auf einem Baumstamm sonnt. Wer Stille sucht, kann die verborgenen Dörfer im Inselinnern oder einsame, sandige Buchten an der Ostküste erkunden. Adrenalin-Junkies gehen im Piton-Gebirge klettern, Kite-Surfen am Sandy Beach oder tauchen. Die kleine, abgelegene Insel ist trotz ihrer Schönheit wenig besucht, abgesehen von den üblichen Kreuzfahrtschiffen – und eingeweihten Pärchen aus Frankreich. Ergreifen Sie die Gelegenheit und besuchen Sie 2015 St. Lucia. Es kann nämlich überhaupt nicht sein, dass dieser charmante Ort noch lange ein Geheimtipp bleibt.

Lebensverändernde Erfahrungen

Gleiten Sie über die Baumwipfel mitten im Regenwald von St. Lucia auf einer Zipline-Tour – falls Ihnen als Adrenalin-Junkie das Wandern zu langweilig ist. Nehmen Sie den Regenwald mit allen Sinnen wahr – urtümliche Farne, summende Insekten, fleischige Urwaldblüten – alles aus der Vogelperspektive. Wer nicht von Tarzan inspiriert ist, kann auf Drahtseilbahntouren ausweichen.

Jüngste Attraktion

Der Besuch von Matt Damon: Er und seine Frau Luciana Barroso mieteten die gesamte Mega-Luxus-Anlage Sugar Beach Resort an, um ihren Treueschwur zu erneuern. Zu den Gästen gehörten Ben Affleck, Chelsea Clinton, Chris Hemsworth und Gus Van Sant, die für ein paar hunderttausend Dollar drei Tage lang feierten.

Aktuelle Themen

Kann ein Strand privatisiert werden oder gehört er allen? Traditionell waren alle Strände Teil der „Queen's Chain", einem 20 m breiten Streifen Land, der per Gesetz selbst vor einem Hotel öffentlich zugängig sein muss. Doch viele Bauunternehmer möchten das ändern.

Der Umweltschutz wird immer heißer diskutiert, da die zunehmende Erschließung die Biodiversität bedroht und zu Verschlechterung der Böden und Artenverlust führt.

ALAN COPSON © GETTY IMAGES

St. Lucia hat alles, was der Abenteurer abseits der ausgetretenen Pfade begehrt

Festival & Events

Im Mai jammen internationale Musiker zusammen beim St. Lucia Jazz Festival.

Im Juni findet der Karneval statt, mit einem wilden Fest voller Straßentänzer, Calypso-Musik, Kostüme, Essen und Rum.

Bei der Atlantic Rally for Cruisers, einem globalen Segel-Event, erreichen die Teilnehmer St. Lucia im November und Dezember. Gestartet sind sie in Spanien, 2700 Meilen entfernt.

Wissenswertes und Originelles

- Mit gleich zwei Gewinnern weist St. Lucia den höchsten Prozentsatz von Nobelpreisträgern zur Bevölkerung auf: Arthur Lewis (Ökonomie) und Derek Walcott (Literatur).
- Franzosen und Spanier haben sich 14 Mal bei der Herrschaft über die Insel abgewechselt.
- Die Blaumaskenamazone, eine Papageienart, ist der Nationalvogel und kommt nur auf der Insel vor.
- Auf St. Lucia ist es illegal, Tarnfarbenkleidung zu tragen.

Seltsamster Anblick

Auf Pigeon Island, einem Inselchen, das mit einem künstlichen Damm mit St. Lucia verbunden ist, steht eine fotogen-düstere Ruine, die einem Schauerroman entsprungen scheint. Jambe de Bois („Holzbein“), der erste französische Siedler, nutzte Pigeon Island 1550 als Piratennest. Die Briten verwandelten die Insel später in eine Festung im Krieg gegen die Franzosen. Heute ist sie eine historische Stätte, überwuchert von Lianen und voller Geheimnisse der Vergangenheit. ● *Von Emily Matchar*

DIE AUF DER WELTNATURERBE-LISTE VERZEICHNETEN PITON MOUNTAINS THRONEN STOLZ ÜBER DER STADT SOUFRIERE

ZWEI FRAUEN SCHLENDERN DURCH DEN FARBENPRÄCHTIGEN SOUK SEMMARINE

Marokko

Marokko beginnt das Jahr 2015 mit Schwung, weil es im Januar und Februar Gastgeberland der afrikanischen Fußballmeisterschaft Africa Cup of Nations ist

ACTIVITIES | ADVENTURE | CULTURE

Bevölkerung **33 Mio.**

Ausländische Besucher pro Jahr **10 Mio.**

Hauptstadt **Rabat**

Sprachen **Marokkanisches Arabisch (Darija), Berbersprache (Hauptdialekte Tashelhit, Tamazight und Tarifit), Französisch**

Wichtigster Industriezweig **Phosphatbergbau und -verarbeitung**

Währung **Dirham (Dh)**

Kostenindex **Glas Bier 25 Dh (2,20 €), zweistündiger Surfunterricht 300 Dh (27 €), Hammambesuch mit Abschrubben 200 Dh (18 €), *tahine* in preiswertem Restaurant 50 Dh (4,40 €)**

10

Warum 2015 dorthin reisen?

> Fußball und Stil erreichen die Medina

Marokko beginnt das Jahr mit Schwung, weil zum einen im Winter viele Touristen nach Marrakesch und in den Süden kommen, und weil es zum anderen im Januar und Februar Gastgeberland der afrikanischen Fußballmeisterschaft Africa Cup of Nations ist. Die Spiele werden die Stadien in Tangier, Rabat, Marrakesch und Agadir füllen und nicht nur in den Cafés vom Mittelmeer bis in die Sahara für Diskussionen über dem Minztee sorgen, sondern auch zum positiven Meilenstein für das relativ stabile und fortschrittliche nordafrikanische Land werden. Der Arabische Frühling hat zwar viele

Länder der Region aufgewühlt, doch in Marokko haben die pro-demokratischen Proteste zu Reformen und einer neuen Verfassung geführt, die die Regierung stärkt, aber König Mohammed VI. als oberste Instanz belässt.

Marokko ist mit seinen engen Gassen in der Medina, den Souks voll Teppichen und den Gipfeln des Hohen Atlas schon seit Hippiezeiten ein Traumziel. Die Tourismusbranche ist auf dem besten Weg, ihr Ziel für 2020 zu erreichen: Verdopplung auf 20 Mio. Touristen und Positionierung als eines der Top-20-Urlaubsländer. Der Ausbau von Billigflugreisen bringt Marokkos Surfstrände, Schluchten und Palmenhaine Europa näher. Reisenden stehen immer schickere Unterkünfte zur Verfügung, von versteckten Pensionen in der Medina bis hin zu Kasbahs in den Bergen – besonders die Riad-Hotels sind etwas für Hochglanzmagazine. Der ganze mystische Charme des Maghreb blieb erhalten, doch nun können Reisende die wilden Landschaften und die Berber-Kultur stilvoll und komfortabel erkunden. Von Gemeinden organisierte Touren und Privatunterkünfte ermöglichen es ebenfalls, die Marokkaner näher kennenzulernen.

Festivals & Events

Sollten Sie den Africa Cup of Nations (17. Januar–7. Februar) besuchen wollen, dann bringen Sie Ihr Lauf-Outfit mit: Ende Januar führt der Marrakesch-Marathon um die Stadtmauer.

Im Juni treten in Fez *tariqas* (Sufi-Orden) und Stars der Weltmusik beim Festival der Sakralmusik auf.

Im Juli erreichen beim Popular Arts Festival in Marrakesch die Darbietungen der Geschichtenerzähler, Schlangenbeschwörer, Akrobaten und Astrologen auf dem trubeligen Djemaa el-Fna ihren Höhepunkt.

Das ganze Jahr über finden religiöse Feste, *moussems*, statt. Beim Heiratsmarkt in Imilchil im September finden junge Berberhirten ihre Frauen.

Engagieren Sie einen Führer und brechen Sie mit Kamel oder Jeep zu einer Nacht in der Wüste unter den Sternen auf

Lebensverändernde Erfahrungen

Sich in der Medina verlaufen. Dieses Labyrinth aus Altstadtgassen, durch die sich Mopeds und Lastesel schlängeln und Dattelverkäufer gleichzeitig mit Kunden und am Handy verhandeln, sind Herz und Seele Marokkos.

Sich dem Tizi-n'Test-Pass stellen. Überqueren Sie einen der berüchtigten kurvigen Pässe auf dem Weg zu den Schneegipfeln des Hohen Atlas. Berge wie der Jebel Toubkal – mit 4167 m höchster Berg Nordafrikas – sind begehrt bei Trekkern und Kletterern, während Mittlerer und Antiatlas sowie das Rif-Gebirge Wanderungen und Dorfbesuche bieten.

GUILLERMO CASAS BARUQUE © GETTY IMAGES

Cool sind...
historische Riads mit hammams, *zellij-Kacheln und tadelakt*-Mauern

Uncool sind...
Hotels mit Hockklos und bröckeligen Mauern, in denen Hendrix/Jagger/Burroughs angeblich mal gewohnt haben

Den weißen Sahara-Sand erleben. Heuern Sie einen Turban tragenden Führer in Merzouga oder M'Hamid an und machen Sie sich per Kamel oder Jeep auf, um in einem Nomadencamp eine Nacht unter den Sternen zu verbringen. Alternativ können Sie sich auch ein schattiges Plätzchen in einem Oasendorf mit Dattelfarmen suchen oder es mit Sandboarding auf den Dünen versuchen.

Jüngste Attraktion

Die romantischen Städte und wilden Landschaften Marokkos sind nicht nur Drehorte für Hollywood-Filme, sondern nun auch für TV-Produktionen. In der dritten Staffel von *Game of Thrones* wird die Medina von Essaouira zu Astapor, wo Daenerys ihre Armee rekrutiert und ihre Drachen die grausamen Herrscher abfackeln. In der dritten Staffel von *Homeland* wird Rabat zu Teheran, und die erste Staffel von *Atlantis* wurde in der Filmstadt Ouarzazate („Quallywood") gedreht.

Wissenswertes und Originelles

- Casablancas Hassan-II-Moschee (einer der größten der Welt) besitzt einen Glasboden, durch den man auf das Wasser der Bucht unterhalb der Felsen blickt.
- Die tausendjährige Medina in Fez mit ihren Souks und Gerbereien ist die größte bewohnte mittelalterliche islamische Stadt der Welt und die am dichtesten bevölkerte Ortschaft ohne Auto.
- Ceuta und Melilla an der Mittelmeerküste sind spanische Enklaven mit *plazas*, Tapas-Bars und von Gaudí beeinflusster Architektur.

Seltsamster Anblick

Ziegen, die im Souss-Tal auf Argan-Bäume klettern, um Nüsse zu knabbern. ● *Von James Bainbridge*

Lonely Planets Top Ten Regionen

NEIL DONOVAN © GETTY IMAGES

NAHE DER STADT TRUVA STEHT ALS WAHRZEICHEN EINE NACHBILDUNG DES TROJANISCHEN PFERDS

Halbinsel Gallipoli, Türkei

Die Türkei plant eine Hundertjahrfeier mit Glanz und Gloria anlässlich der Schlacht von Gallipoli im Jahr 1915

CULTURE ACTIVITIES EVENTS

Bevölkerung **Provinz Çanakkale 502.000**
Hauptort **Çanakkale**
Sprache **Türkisch**
Wichtige Wirtschaftszweige **Bildung, Tourismus, Fischfang**
Währung **Türkische Lira (₺) doch Hotels und Touren werden in Euro bezahlt**
Kostenindex **halbtägige geführte Tour zu den Schlachtfeldern 30 €, ganztägige privat geführte Tour zu Fuß für Kleingruppe 250 €, Doppelzimmer im Drei-Sterne-Hotel 70 €, 0,33 cl Efes-Bier 3 €**

1

Warum 2015 dorthin reisen?

> Hundertjahrfeier der Schlacht von Gallipoli

Im Lauf der Jahrtausende wurden in diesem Teil der Ägäis Reiche, Mythen und nationale Identitäten geschmiedet. Die schmale Halbinsel (türkisch: Gelibolu) nahe der klassischen Stadt Troja und auf der nordwestlichen Seite der strategisch wichtigen Meerenge der Dardanellen hat immer wieder Invasionen erlebt, zum letzten Mal im März 1915 beim Seeangriff der Alliierten auf die Dardanellen und am 25. April 1915, als alliierte Truppen an mehreren Stellen der Halbinsel an Land gingen. Die Türken betrachten diese beiden Ereignisse als wichtige Meilensteine der Gründung ihres modernen

Staats und bereiten deshalb eine Hundertjahrfeier mit Glanz und Gloria vor. Noch wichtiger scheint diese Epoche jedoch für Australier und Neuseeländer zu sein, die in den letzten Jahrzehnten in immer größerer Anzahl Gallipoli aufgesucht haben. In diesem Jahr kommen sie wohl zu Tausenden zum Gedenken an die Landung der Anzac-(Australian and New Zealand Army Corp)-Truppen.

Es erscheint seltsam, dass so viele Leute – viele davon Backpacker – die halbe Welt zum Gedenken an einen gescheiterten Militäreinsatz umrunden, der lange vor ihrer Zeit stattfand. Doch was hier gefeiert wird, sind die inneren Werte, die die Anzac-Truppen in großem Maße besessen haben sollen und die viele Aussies und Kiwis als charakteristisch für ihr Land ansehen: Mut, Ausdauer, trockenen Humor, Kameradschaft und eine Portion Draufgängertum. Britische, französische und indische Truppen haben hier ebenfalls mutig gekämpft (über die Hälfte der 57000 alliierten Toten waren Briten; die Landung bei Cap Helles war besonders blutig ausgefallen), doch bis heute haben nur wenige ihrer Landsleute den Weg hierher gefunden. Im Jahr der Gedenkfeier kann sich das natürlich ändern.

LEBAZELE © GETTY IMAGES

DIE ANZAC-SOLDATENFRIEDHÖFE IN GALLIPOLI BIETEN BESUCHERN EINEN WÜRDIGEN ORT ZUM GEDENKEN AN DIE GEFALLENEN DER SCHLACHT

Der Archäologische Park der antiken Stadt Troja liegt auf der einen Seite der Dardanellen, auf der anderen die Gedenkstätten und ein interaktives Museum zu den Schlachtfeldern

Festivals & Events

In der Türkei wird der Seesieg bei Çanakkale über die Alliierten-Flotte in den Dardanellen am 18. März gefeiert, mit nachgestellten Schlachtszenen, jeder Menge Ansprachen und Straßenfesten in Çanakkale.

Zum Anzac-Tag am 25. April findet eine türkische Feier an der Gedenkstätte des 57. Regiments und bei Abideis statt, ebenso eine französische Gedenkfeier bei Morto Bay und eine Feier des Commonwealth bei Kap Helles.

2015 wollen so viele Australier und Neuseeländer an der Anzac-Gedenkfeier im Morgengrauen teilnehmen (am 25. April bei der Anzac-Gedenkstätte nahe der Anzac-Bucht), dass die beiden Regierungen Sitze verlosen mussten. 10 000 davon wurden nun durch Losentscheid vergeben, und alle Hotels der Gegend sind restlos ausgebucht.

Australier, die bei der Verlosung kein Glück hatten, und alle anderen können es nochmals versuchen und am 6. August an der offiziellen Gedenkfeier bei Lone Pine (Kanli Sirt) teilnehmen, einem der am härtesten umkämpften Schlachtfelder.

Britische Spitzenpolitiker und Mitglieder des Königshauses nehmen an den Feierlichkeiten teil, und man kann davon ausgehen, dass die Medien diese Veranstaltungen ausführlich begleiten werden.

Lebensverändernde Erfahrungen

Geschichtsfans werden hier in ihrem Element sein. Auf der einen Seite der Dardanellen befindet sich der Archäologische Park von Troja mit seinem nagelneuen Museum (Eröffnung Mitte 2015), auf der anderen Denkmäler und ein interaktives Museum, das die Schlachtfelder erklärt. Für beide können Halbtagesführungen von lokalen Anbietern gebucht werden. Für die Schlachtfelder sollte man sich mehr Zeit nehmen und eventuell eine Ganztages-Wandertour buchen. Mit der Fähre schnell zu erreichen ist die ägäische Insel Gökçeada, das altertümliche Imbros, wo traumhaft schöne, verlassene griechische Dörfer auf Entdeckung warten und weite Strände Windsurfer aus ganz Europa anziehen. Man sollte eher hier oder in Çanakkale übernachten als in der unansehnlichen Stadt Eceabat.

Aktuelles Thema

Das wachsende Interesse von Türken, Australiern und Neuseeländern sorgt für ein enormes Anwachsen der Besucherzahlen. Dies könnte sich negativ auf das Gelände auswirken, das offiziell als Historischer Nationalpark Halbinsel Gallipoli geschützt ist. Besonders die türkischen Gedenkstätten können von März bis September an Wochenenden furchtbar überfüllt sein, und es muss leider gesagt werden, dass billige Souvenir- und Fastfood-Buden eine unpassende Karnevalsatmosphäre verbreiten. Schlimmer noch ist der Ausbau der Straßen für eine immer größere Anzahl von Tourbussen, der sich negativ auf wichtige Stätten wie die Anzac-Bucht auswirkt.

● *Von Virginia Maxwell*

BESTAUNEN SIE DEN RUHIG DALIEGENDEN DREAM LAKE IM ROCKY MOUNTAIN NATIONAL PARK

Rocky-Mountain-Nationalpark, USA

2015 feiert der Rocky-Mountain-Nationalpark sein 100-jähriges Jubiläum. Besuchen Sie ihn und erleben Sie Patriotismus einmal auf die amüsante Art

ACTIVITIES | ADVENTURE | OFF-ROAD

Bevölkerung **1000 (Elche natürlich)**
Besucher pro Jahr **3,1 Mio.**
Hauptort **Estes Park**
Sprache **Englisch**
Wichtige Wirtschaftszweige **Tourismus**
Währung **US Dollar (US$)**
Kostenindex **Eintritt 20 US$ pro Auto (15 €), 10 US$ pro Fußgänger (7,50 €), Camping im Moraine Park Campground 20 US$ (15 €), Wanderführer „Hiking Rocky Mountain National Park“ 17 US$ (12,70 €), Burger und Bier nach dem Wandern in Estes Park 10 US$ (7,50 €)**

2

Warum 2015 dorthin reisen? > *Die Hundertjahrfeier bedeutet eine rauschende Party als wär's 1915*

Diese schneebedeckten Gipfel, blumenübersäten Wiesen und glasklaren Bergseen stehen für die ganze Herrlichkeit des amerikanischen Westens. Hier finden Sie grasende Elche, eisig-klare Flüsse voll silbriger Forellen, Bergwälder voll duftender Douglasien und eine verschneite Tundra-Landschaft, die dem Weißschwanz-Schneehuhn Tarnung bietet. In diesem Wanderparadies gibt es 570 km Pfade, von denen einige bis zum Gipfel des Longs Peak führen, dem berühmten „Vierzehner“ des Parks (da höher als 14 000 Fuß/ 4267 m). Im Winter können Sie praktisch alle Sportarten ausüben, die mit

Schnee zu tun haben: Schlittenfahrten, Skifahren, Schneeschuhwandern. 2015 feiert der Nationalpark seinen 100. Geburtstag, mit Gastrednern, Aktivitäten und Events, mit Ausstellungen lokaler Kunst, Konzerten mit Liedern über die Berge und einer Parade von Ford Model-T-Oldtimern auf dem Park-Highway. Machen Sie mit bei den patriotischen Feiern zu Amerikas wildestem Nationalpark.

Lebensverändernde Erfahrungen

Fahren Sie auf der Trail Ridge Road, dem „Highway to the Sky", der höchsten, durchgängig asphaltierten Straße Amerikas oberhalb der Baumgrenze bei 3713 m Höhe. Sie erlaubt Ausblicke auf die Gletschergipfel ganz bequem vom Auto aus.

Beobachten Sie einen Elch, der durch das Weidendickicht des Kawuneeche Valley im Westen des Parks bricht.

Wandern Sie auf den Mount Ida, auf einem der weniger bekannten, aber eindrucksvollen Wanderwege in den Rocky Mountains, durch unberührte Bergtundra mit Blick auf den Longs Peak. Im Sommer sind die Wiesen mit bunten Blumen übersät.

Aktuelles Thema

Nach neuesten Studien verändert sich das Ökosystem des Rocky-Mountain-Nationalpark aufgrund von Umweltverschmutzung langsam, aber irreversibel. Abgase von Autos, Flugzeugen, Fabriken und Farmen ziehen die Berge hinauf und reduzieren die Pflanzenvielfalt – bis jetzt nur wissenschaftlich nachvollziehbar. Mit

Festivals & Events

Am 26. Januar ist der 100. Jahrestag der Unterzeichnung der Gesetzesvorlage zur Gründung des Parks durch Präsident Wilson. Gefeiert wird – wie auch sonst? – mit einer riesigen Geburtstagsparty.

Vom 10. bis 16. August stellt Plein Air Rockies die besten Landschaftsbilder im Besucherzentrum des Estes Park aus. Es gibt Workshops, Musik, Essen und Preise.

Im August testen die Läufer des Rocky Mountain Half Marathon ihre Lungenkapazität auf der Höhenroute entlang der Parkgrenze. Machen Sie mit und holen Sie sich Ihren eigenen Muskelkater.

Schneebedeckte Gipfel, blumenübersäte Wiesen und glasklare Bergseen stehen für die ganze Herrlichkeit des amerikanischen Westens.

EIN KIRCHLEIN AUS NATURSTEIN STEHT INMITTEN DER HERRLICHEN LANDSCHAFT DER ROCKY MOUNTAINS VON COLORADO

der Zeit versauern die Böden und damit auch Seen und Flüsse. Da die Bevölkerung von Colorado wächst, wird sich das Problem noch verschlimmern. Wer den Park jetzt besucht, sollte die lokalen Umweltschützer unterstützen.

Wissenswertes & Originelles

- Das Stanley Hotel in Estes Park war Stephen Kings Vorlage für Shining. Im Hotel läuft der berühmte Horrorfilm nach dem Buch in Endlosschleife in allen Gästezimmern auf Kanal 42.
- Der Grand Lake Cemetery, seit 1892 in Gebrauch, ist einer der wenigen noch genutzten Friedhöfe innerhalb eines US-Nationalparks.
- In den 1970er-Jahren gab es fast keine Elche mehr im Park. Heute leben dort 30–50 Abkömmlinge von Tieren, die 1978 aus Wyoming umgesiedelt wurden.

Seltsamster Anblick

Der verlassene Bergwerksort Lulu City ist eine klassische Geisterstadt im Westen. Sie entstand während des Silberrauschs Ende 1870 bis Ende 1880 und besteht heute aus ein paar verrotteten Hütten und bröckelnden Fundamenten in den Wäldern des Kawuneeche Valley. Was war das? War das der Wind, oder hört man da die Axtschläge lang verstorbener Bergarbeiter?

Jargon der Rockies

Bergfexe – Kletterer, Bergwanderer, Skiläufer – haben ihre eigene Sprache, die uns Flachländern „spanisch“ vorkommt. *Peakbagging* ist z. B. der Versuch, so viele Berggipfel wie möglich einer bestimmten Reihe zu besteigen, z. B. die zehn höchsten Gipfel im Park oder alle „Vierzehner“ in Colorado (es gibt 53). Ein *technical climb* bedeutet, dass eine Bergsteigerausrüstung wie z. B. Seile oder Steigeisen nötig ist. Longs Peak ist fast das ganze Jahr über *technical*. Unter *vertical rise* versteht man den Höhenunterschied zwischen Ausgangspunkt und Gipfel – also: wie sehr die Waden am nächsten Tag schmerzen. ● *Von Emily Matchar*

STAUNEN SIE ÜBER DAS NATURWUNDER DER TIGERHÖHLE IM RIO BLANCO NATIONAL PARK

ALEX ROBINSON © GETTY IMAGES

Provinz Toledo, Belize

Trekken Sie zu den teilweise freigelegten Gräbern und Pyramiden von Nim Li Punit und Lubaantun – und fast immer werden Sie allein sein mit dem Dschungel und den Geistern der Vergangenheit

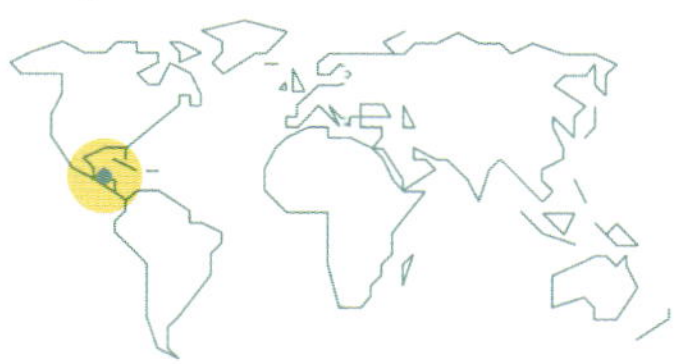

OFF-ROAD | CULTURE | ADVENTURE

Bevölkerung **325000**

Besucher pro Jahr **25000**

Hauptort **Punta Gorda**

Sprachen **Englisch, Maya, Garifuna**

Wichtige Wirtschaftszweiges **Landwirtschaft, etwas Tourismus**

Währung **BZ-Dollar (BZ$)**

Kostenindex **Mahlzeit auf der Straße 6 BZ$ (2 €), Mahlzeit in der Unterkunft 30–40 BZ$ (11–15 €), Pritsche in der Gemeinschaftsunterkunft Rio Blanco Ranger Station 20 BZ$ (7 €), Cottage im Öko-Resort 200–1000 BZ$ (74–370 €)**

3

Warum 2015 dorthin reisen? > *Seien Sie auf einsamen Pfaden unterwegs, bevor alle Pfade hierherführen*

Bei den traumhaften Inseln, geschützten Urwäldern und historischen Maya-Ruinen ist es nicht weiter verwunderlich, dass das kleine, zentralamerikanische Land Belize jährlich an die 300000 Besucher empfängt. Doch nur wenige kommen in die Provinz Toledo im tiefen Süden des Landes, obwohl hier all diese Wunder und noch mehr vorhanden sind. Der Geografie sei dank: Toledo liegt am Ende des Southern Highway und ist somit die einzige Provinz des Landes, die an einer Sackgasse liegt. Hierher kommen nur Abenteurer auf der Suche nach jenem Belize, wie es einst war.

Doch wie Bob Dylan schon sang: „The times they are a-changing", und so sind auch die Zeiten von Toledo als rückständige Provinz gezählt. Derzeit wird für 8 Mio. US$ eine asphaltierte Straße vom Southern Highway bis zur Grenze zu Guatemala gebaut, die nach der Fertigstellung eine Teilstrecke des Pan-American-Highway bildet. Wenn diese Straße erst einmal die Ortschaft Jalacte erreicht, dann wird Belizes dritter (und Toledos einziger) internationaler Grenzübergang eröffnet. Toledos winzige Maya-Dörfer bekommen Anbindung an Guatemala und die weite Welt. Was dies an Änderungen bringt, ist noch ungewiss, aber 2015 wird wohl das letzte Jahr sein, in dem Toledo noch einsam und abgelegen ist.

Mitte 2014 war die Straße erst bis zum Nationalpark Rio Blanco asphaltiert, einem Naturschutzgebiet mit Wasserfällen, Wanderwegen und Belizes schönstem Naturpool. Vom Park aus sind es nur noch 24 km durch Urwald und Maya-Dörfer über eine schlechte, (noch) unbefestigte Straße nach Jalacte, wo der Grenzübergang eingerichtet wird.

Die meisten Bewohner sorgen sich, dass ihre traditionelle Lebensweise durch den Bau der Straße verloren geht

TRADITIONELLE HÄUSER IN DER PROVINZ TOLEDO IN BELIZE RUFEN DIE ERINNERUNG AN VERGANGENE ZEITEN WACH

Lebensverändernde Erfahrungen

Wandern Sie durch den beeindruckend schönen Rio-Blanco-Nationalpark und springen in Sie den kristallblauen Teich unterhalb des Wasserfalls im Naturschutzgebiet.

Lernen Sie in der Manufaktur Ixcacao Maya Belizean Chocolate (früher als Cyrila's bekannt) die uralte, köstliche Maya-Tradition der Herstellung von Kakao und Schokolade kennen und probieren Sie Tafelschokolade, heiße Schokolade, Kakaowein und mehr.

Gehen Sie schnorcheln und tauchen im Meeresschutzgebiet Sapodilla oder vor der Küste der Snake Cayes, einer Reihe winziger, vom Tourismus unentdeckter Inseln im südlichen Belize.

© JOSHUA SAMUEL BROWN

Festivals & Events

Am Sonntag, 22. März 2015, feiert die Ortschaft Blue Creek Toledos Maya Day.

Lieben Sie Schokolade? Dann verpassen Sie nicht das Schokoladenfestival von Belize (ehemals Toledo Cacao Festival) am Wochenende zum Commonwealth Day (22.–24. Mai 2015) in Punta Gorda.

An Punta Gordas Battle-of-the-Drums-Wochenende vom 13.–15. November 2015 kommen Trommler aus dem ganzen Land zusammen.

Erlernen Sie traditionelle kreolische und Garifuna-Musik und den Trommelbau bei Emmeth Young oder Ronald Raymond McDonald, zwei Meistertrommlern, die in Punta Gorda unterrichten.

Alleinstellungsmerkmal

Wer Toledo erreicht, sieht Belize, wie es vor Jahrzehnten einst war. Zwar haben die meisten Maya-Dörfer im tiefen Süden nun Strom (viele durch Sonnenkollektoren), doch Essen und Übernachten in San Pedro Columbia, San Antonio und San José findet wohl eher bei einer Maya-Familie als in einer Pension statt. Wandern Sie zu den teilweise freigelegten Gräbern und Pyramiden von Nim Li Punit und Lubaantun; an den meisten Tagen sind Sie dort alleine mit den Geistern der Vergangenheit, mitten im tiefsten Dschungel. In Punta Gorda, Toledos größter und einziger Stadt, könnten Sie andere Reisende treffen, doch nicht in Massen wie in den Touristenstädten Caye Caluker und Cayo.

Aktuelles Thema

Dass der Ausbau des Pan-American-Highway große Veränderungen für die Region bringt, ist sicher. Christopher Nesbitt, Gründer der Maya Mountain Research Farm in Toledo, die wirtschaftliche Sicherheit und den Umweltschutz in ganz Belize fördert, hat in den vergangenen Monaten viel Zeit aufgewendet, die Dorfbewohner entlang der neuen Trasse bei der Installation von Solaranlagen und anderen nachhaltigen Energien zu beraten, damit sie auf den Zuwachs von Verkehr und Besuchern gut vorbereitet sind. „In den Maya-Gemeinden wird viel darüber diskutiert, was die Straße an Veränderungen mit sich bringen wird", sagt Nesbitt. „Mehr Verkehr bringt Vorteile, aber die Leute befürchten, dass ihr traditioneller Lebensstil dabei verloren geht."

● *Von Joshua Samuel Brown*

GENIESSEN SIE DIE RUHE IN DER TARKINE WILDERNESS IN TASMANIEN

Tasmanien, Australien

2015 eröffnet Tasmanien den zweiten Abschnitt von Australiens Bushwalking-Wanderweg Three Capes Track – vorbei an den atemberaubenden Steilklippen des Tasman-Nationalpark

ADVENTURE | EVENTS | FOOD

Bevölkerung **513 000**

Ausländische Besucher pro Jahr **1 Million**

Hauptort **Hobart**

Sprache **Englisch**

Wichtige Wirtschaftszweige **Forstwirtschaft, Bergbau, Landwirtschaft, Tourismus**

Währung **Australischer Dollar (A$)**

Kostenindex **Eintritt ins MONA 20 A$ (14 €), Käseplatte im Jam Packed Café in Henry Jones Art Hotel 16 A$ (11 €), Bronze Pass für die Port Arthur Historic Site 35 A$ (24 €), Dachzimmer im Islington Hotel, Hobart 395 A$ (275 €)**

4

Warum 2015 dorthin reisen?

> Reif, um gepflückt zu werden

Wild und dramatisch, zivilisiert und skurril, isoliert und doch zugänglich – Australiens Inselstaat vor der südöstlichen Küste des Kontinents ist ein integraler Teil seiner Geschichte. Van Diemens Land (so wurde Tasmanien von den weißen Siedlern getauft) war Zielort der ersten Sträflingsschiffe nach Australien, und die tragischen, erschütternden Geschichten dieser ersten Ankömmlinge haben den Staat mitgeformt. Die ehemalige Strafkolonie Port Arthur Historic Site dient als traurige Erinnerung an die brutale Vergangenheit des Landes.

Das moderne Tasmanien hat sich jedoch freigemacht von seiner Vergangenheit und sich eine frische, moderne und offene Einstellung zugelegt. Hobart, die super-coole Hauptstadt am Meer, erlebt einen Aufschwung und hat nun einen Event-Kalender für das ganze Jahr.

Tasmanien hat mit seinen atemberaubenden Landschaften einige von Australiens vielfältigsten, einsamsten und wildesten Outdoor-Abenteuern in petto. Ob man nun die ruhige, fast ein wenig furchterregende Erhabenheit von Cradle Mountain erkundet, mutig den mächtigen Franklin River, der durch die dunklen Wälder im Inselinnern fließt, überquert oder über die umwerfend schönen Strände an der Bay of Fires stolpert, die Insel bietet Abenteuer für ein ganzes Leben.

2015 eröffnet Tasmanien den zweiten Abschnitt von Australiens Top-Wanderweg Three Capes Track. Dieser verbindet Denman's Cove gegenüber von Port Arthur mit Cape Huay auf 35 km ausgebauten Wanderwegen, vorbei an den fantastischen Steilklippen des Tasman-Nationalparks, wo Weißbauchseeadler über dem Ozean kreisen. Der Ausbau der Wanderwege ist eines der größten Projekte dieser Art weltweit und ermöglicht nach Fertigstellung eine mehrtägige Wanderung einschließlich Bootsfahrt, entweder individuell oder als geführte Gruppe.

Lebensverändernde Erfahrungen

Wie vielseitig die Angebote in Tasmanien sind, kann man auf einmal gar

Festivals & Events

Das MONA FOMA (Festival Of Music and Art) beginnt im Januar stilvoll den Reigen tasmanischer Events. Dann eröffnet der Artist in Residence zusammen mit Brian Ritchie, dem Ex-Bassisten der Violent Femmes, das eklektische Kultur-Festival.

Das Motto für die Neuerfindung der internationalen Biennale Ten Days on the Island Ende März 2015 lautet „inspire, entertain, enliven" („inspirieren, unterhalten, beleben").

Während der dunklen Wintermonate von April bis August erhellt das Lumina Festival mit über 100 Kultur-, Food- und Wein-Events die Gemüter.

Hungrig? Beim Taste Festival können Sie die ganze Silvesterwoche lang an Hobarts Uferpromenade die besten Meeresfrüchte, Weine und Käse der Apfelinsel probieren.

Bei der alljährlichen Regatta von Sydney nach Hobart treffen die Yachten der Wettkämpfer um den 29. Dezember herum an Hobarts Salamanca Wharf ein.

Tasmanien hat mit seinen atemberaubenden Landschaften einige von Australiens vielfältigsten, einsamsten und wildesten Outdoor-Abenteuern in petto.

AM ENDE EINER WANDERUNG ÜBER EINEN GRANITPFAD ERLEBEN SIE EINEN UNVERGESSLICHEN AUSBLICK AUF DIE WINEGLASS BAY

nicht erfassen. Steigen Sie die Wendeltreppe von Hobarts Moorilla Winery hinab in den Keller zum supermodernen MONA (Museum of Old and New Art). Erkunden Sie die größten Regenwälder der gemäßigten Breiten beim Trekking durch die Tarkine Wilderness. Gleiten Sie mit dem Kajak durch die Dämmerung und beobachten Sie Meeresvögel über der Coles Bay (am Rand des Freycinet-Nationalparks).

Aktuelles Thema

Man kommt nicht darum herum – um heiße Diskussionen über die ökonomisch wichtige Holzwirtschaft einerseits und den Schutz der unberührten Natur Tasmaniens andererseits. Jeder hat da so seine eigene Meinung, die er vehement und lautstark vertritt.

Seltsamster Anblick

Die gewaltigen Ausmaße von Australiens ältester, durchgängig produzierender Brauerei, der Cascade Brewery in South Hobart, entlocken jedem beim ersten Anblick ein erstauntes „Oh". Der hoch aufstrebende, viktorianische Bau ähnelt eher dem Schauplatz eines düsteren Horrorfilms als dem Ort, an dem eines von Australiens beliebtesten Bieren produziert wird.

Regionale Spezialitäten

Tasmanien ist ein Gourmetparadies, was sich allein schon in der Vielseitigkeit der Erzeugnisse von Bruny Island zeigt. Die Abgelegenheit und Schönheit der Küstenlandschaft dieser Insel sind ideal zum Entspannen, doch der eigentliche Hit sind die dort kleinbäuerlich erzeugten Lebensmittel und Meeresfrüchte. Frische Austern von der Get Shucked Oyster Farm, vielleicht mit ein paar Gläschen Pinot Noir von Australiens südlichster Weinkellerei, oder frisch gepflückte Beeren von der Beerenfarm vor Ort – nirgendwo bekommt man Besseres von „Tassie" auf den Teller.

● *Von Chris Zeiher*

TIM PHILLIPS PHOTOS © GETTY IMAGES

ARKTISCHES NORWEGEN: EIN RENTIERGEWEIH LIEGT VERLASSEN NAHE ALKEHORNET

DARRELL GULIN © GETTY IMAGES

Nordnorwegen

Land der Mitternachtssonne und des magischen Lichtspektakels der Aurora Borealis: In Nordnorwegen geht es – in mehr als nur einer Hinsicht – wild zu

ADVENTURE | CULTURE | FOOD

Bevölkerung **462.908**

Ausländische Besucher pro Jahr **520.000**

Hauptort **Tromsø**

Sprachen **Norwegisch, Samisch**

Wichtige Wirtschaftszweige **Öl- und Gasförderung, Aquakultur, Mineralien, Tourismus**

Währung **Norwegische Krone (Nkr)**

Kostenindex **ein Glas Arctic Beer 60 Nkr (7 €), Doppelzimmer Hotel pro Nacht 750–1400 Nkr (90–170 €), Samisches Rentierfell 500 Nkr (60 €), Hundeschlitten-Exkursion 1250 Nkr (150 €),**

5

Warum 2015 dorthin reisen?

> *Totale Sonnenfinsternis in Svalbard*

He, wer hat das Licht ausgemacht? Norwegen, Land der Mitternachtssonne und der geheimnisvollen Aurora Borealis, des Nordlichts, bietet stets fantastische Lichtphänomene, doch 2015 wird es einige Minuten lang ganz dunkel, wenn der Mond sich vor die Sonne schiebt. Merken Sie sich den 20. März vor und buchen Sie Ihr Ticket zu diesem Spektakel. Der beste Ort, das beeindruckende Schauspiel am Himmel zu genießen? Die eisige Wildnis von Svalbard, einem Archipel zwischen Norwegen und dem Nordpol, auf dem es mehr Eisbären als Menschen gibt. Wenn es diesmal nicht klappt, müssen Sie lange warten – die nächste Sonnenfinsternis in Europa findet 2026 statt.

Apropos Licht: Auch 2015 wird das Nordlicht wieder äußerst aktiv sein, wenn geladene Teilchen des Sonnenwinds auf die Erdatmosphäre stoßen. Ein Quäntchen Glück, wolkenloser Himmel und die NorwayLights-App ist alles, was Sie brauchen. Rotes Flimmern, goldfarbene Wellen und grünes Aufblitzen sind dann wie Disco-Lichter nordischer Götter bei einem himmlischen Rave.

Doch nicht nur das Wetter ist cool am Polarkreis. Steigen Sie in Tromsø ab, der nördlichsten Universitätsstadt der Welt, und besuchen Sie ihre Jazz-Bars nach einem Tag auf dem Rentierschlitten. Auch Bodø ist beides, unglaublich abegelegen und erstaunlich hip, mit angesagten Restaurants wie dem Smak, die kulinarisch neue Akzente setzen, Clubs wie Dama Di, die das Nachtleben aufmischen, und dem Straßenkünstler Phlegm aus London. In Norwegen geht es also wild zu – in vielerlei Hinsicht.

Lebensverändernde Erfahrungen

Der Norden Norwegens wird Sie umhauen mit seiner berückend schönen Landschaft aus Gletschern, Fjorden und Bergen in kristallklarem Licht. Willkommen in einer von Europas letzten großen Wildnissen. Den Polarkreis zu überscheiten und dabei das Nordlicht zu erleben, Eisbären zu beobachten – nicht zu nah, natürlich – die über die eisige Tundra von Spitzbergen ziehen, Rentiergulasch in einem vom Herdfeuer warmen Samen-*lávvu* (Zelt) zu essen – das sind unvergessliche Erlebnisse. Nehmen Sie sich Zeit, den langsamen Lebensrhythmus in Kjerringøy zu erleben, beobachten Sie Seeadler und Wale, die aus dem Ozean vor den an Tolkiensche Landschaften erinnernde Lofoten auftauchen, wandern Sie entlang der großen Gletscher im Nationalpark Saltfjellet-Svartisen – und Sie werden nie mehr weg wollen.

Der Norden Norwegens wird Sie umhauen mit seiner berückend schönen Landschaft aus Gletschern, Fjorden und Bergen.

Der seltsamste Anblick

Der Gezeitenstrom Saltstraumen gehört zu den beeindruckendsten Naturphänomenen der Welt. Wie ein gigantischer Whirlpool nordischer Götter schießen 400 Mio. Kubikmeter Wasser mit bis zu 20 Knoten (37 km/h) durch einen Sund, der zwei Fjorde verbindet. Ein besonderer Kick ist die Fahrt in einem Boot an den Strudeln vorbei, wenn die Berge am Horizont zu silbergrauen Streifen verschmelzen.

Alleinstellungsmerkmal

Die Kultur der Samen hat sich unter dem Nordlicht entwickelt; das indigene Volk lebt schon länger hier als jedes andere. Sein Leben wird von den Jahreszeiten und vom Wanderverhalten der Rentierherden bestimmt. Abgesehen von technischen Neuerungen wie Schneemobilen oder Hubschraubern zur Über-

FARBENFROH GESTRICHENE HOLZHÄUSER BEI LONGYEARBYEN IN SVALBARD

Festivals & Events

Anfang Februar organisieren die Samen ein einwöchiges traditionelles Fest. Höhepunkt sind die Renntier-Wettrennen.

Mitten in der Nacht starten Ende Juni Läufer in Tromsø beim Mitternachtssonnen-Marathon.

Bodø swingt in den Sommer beim Nordland Music Festival im August, einem zehntätigen Event mit Klassik, Jazz, Rock und Volksmusik.

Sie müssen zwar in den Neoprenanzug, aber die Königskrabben, die Sie in Kirkenes von Dezember bis April fangen, sind die leckersten der Welt.

wachung der Tiere, hat sich ihr Leben kaum verändert. Sie haben eine eigene Sprache, ein eigenes Parlament und eine eigene Art, sich zu kleiden und zu wohnen (im Tipi-ähnlichen *lávvu* aus Rentierfellen). Falls Sie das Glück haben, in eins dieser Zelte eingeladen zu werden, bekommen Sie sicher den ein oder anderen *joik* zu hören, ebenso gefühlvolle wie rätselhafte, rhythmische Gedichte für Freunde und Familie.

Regionale Spezialitäten

Es gibt Rentiereintopf nach Samen-Art, mit Wacholderbeeren, Pilzen, saurer Sahne und Thymian *(finnbiff)*, oder Rentierbraten *(reinsdyrstek)*, ebenso wie Elch-Burger und -Steaks. Eine Kurisoität ist der *brunost* zum Frühstück, eine Art süßlich-brauner Molkekäse, der eigentlich gar kein Käse ist. Er schmeckt gut in Scheiben geschnitten auf festem Roggenbrot. Fisch aus den eisigen Gewässern der Arktis ist von hervorragender Qualität; frisch gefangene Dorsche und Lachse sollten über offenem Feuer gegrillt und direkt am Fjord serviert werden. Moltebeeren *(moltebær)* sind so lecker, dass es sich tatsächlich lohnt, sie in den mückenverseuchten Sümpfen zu suchen. Die goldenen Früchte werden zu herb-süßem Mousse und Eiscreme verarbeitet. Am Ende der Mahlzeit gibt es Aquavit, einen nach Kümmel schmeckenden Kartoffelschnaps.

● *Von Kerry Christiani*

BESTAUNEN SIE VOM GOKYO RI AUS DEN ATEMBERAUBENDEN ANBLICK DER BERGE, SEEN UND GLETSCHER DES HIMALAYA

FENG WEI PHOTOGRAPHY © GETTY IMAGES

Khumbu, Nepal

2015 ist es ein halbes Jahrhundert her, dass Major Jimmy Roberts die erste kommerzielle Bergtour in Nepal organisierte. Es ist also an der Zeit, die Bergstiefel zu entstauben

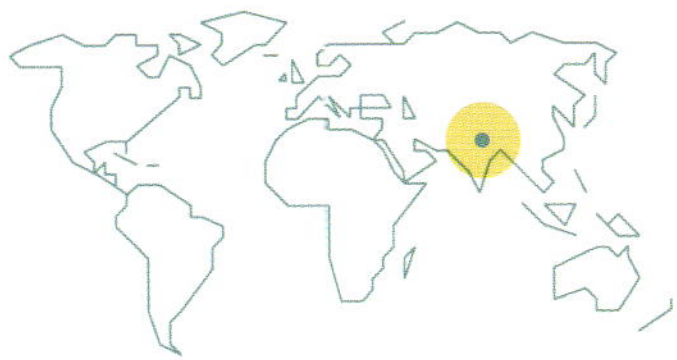

ACTIVITIES | ADVENTURE | CULTURE

Bevölkerung **106000 (Solu-Khumbu District)**

Ausländische Bergsteiger pro Jahr **35000**

Hauptort **Namche Bazaar**

Sprachen **Sherpa, Nepalesisch**

Wichtige Wirtschaftszweiges **Tourismus, Bergsteigen, Landwirtschaft (Yaks und Kartoffeln)**

Währung **Nepalesische Rupien (Rs)**

Kostenindex **Mahlzeit: *dal bhat* (Reis und Gemüse) 400 Rs (3 €), Zimmer pro Nacht in einer Lodge 300–700 Rs (2,30–5,30 €), Führer/Träger 2000 Rs pro Tag (15 €), Aufstiegsgenehmigung zum Mt. Everest 10000 US$ (7500 €)**

6

Warum 2015 dorthin reisen?

> Die Trekking-Tour Ihres Lebens

Die prächtige Bergwelt der Khumbu-Region müssen wir Ihnen nicht anpreisen: Allein das Wort „Everest" lässt jeden aufhorchen. Welcher Freund der Berge hat noch nicht davon geträumt, den Everest zu bezwingen und in der atemberaubendsten Gebirgsregion dieser Erde auf einer klassischen Tour in die Fußstapfen von Sherpa Tenzing und Sir Edmund Hillary zu treten? Doch die Region bietet weit mehr als nur den höchsten Berg der Welt.

Jetzt, wo der maoistische Aufstand in Nepal der Vergangenheit angehört, können Bergwanderer wieder die abgelegeneren Pfade der Region erkunden.

Top Ten Regionen

Festivals & Events

Mani Rimdu ist das bekannteste Sherpa-Festival, bei dem drei Tage lang mit bunten Maskentänzen der Sieg des Buddhismus über die Bon-Religion gefeiert wird. Die größte Feier findet im Kloster Tengboche statt (November), eine etwas ruhigere im Kloster Thame (Mai).

Tibetische Oper, Maskentänze und selbstgebrautes *chang* (Gerstenbier) beleben das Neujahrsfest der Sherpas im Februar.

Der Magier und Tantra-Meister Guru Rinpoche (Padmasambhava) wird an vielen Orten im Himalaya als zweiter Buddha gefeiert. Sein Geburtstag wird mit religiösen Prozessionen und Gebetszeremonien während des Dumja-Festivals (Juni oder Juli) begangen.

Als Alternative zum Standardziel Basiscamp könnte die Drei-Pässe-Hochtour oder die abenteuerliche Trekking-Expedition zum Mera Peak dienen. Oder, ganz authentisch: die alten Anreise-Routen von Jiri oder Tumlingtar aus zum Everest; sie verlaufen teilweise auf dem 1700 km langen Great Himalaya Trail.

Die Routen zum Everest werden in Zukunft noch mehr begangen werden. 2015 wird es genau 50 Jahre her sein, dass Major Jimmy Roberts die erste kommerzielle Bergwanderung in Nepal organisierte. Es ist also an der Zeit, die Wanderstiefel abzustauben. Warum zum Everest? Mallory sagte dazu einfach: „Weil er da ist.“ Und weil man nur einmal lebt.

FENG WEI PHOTOGRAPHY © GETTY IMAGES

Lebensverändernde Erfahrungen

Steigen Sie mit Stirnlampe auf den 5545 m hohen Kala Pattar zum Sonnenaufgang über dem Mount Everest und dem Khumbu-Eisbruch.

Weichen Sie den Massen im Basiscamp aus und akklimatisieren Sie sich langsam auf dem Nebenweg durch die wunderschönen Gokyo- und Chukkhung-Täler oder zu den Sherpa-Dörfern Thame und Khunde.

Besuchen Sie die tägliche Info-Veranstaltung zur Höhenkrankheit bei der Himalayan Rescue Association in Pheriche. Es könnte Ihr Leben retten.

ALLJÄHRLICH FINDET IM NOVEMBER IM KLOSTER TENGBOCHE DAS MANI- RIMDU-FEST STATT

Aktuelles Thema

Arbeitsbedingungen und Sicherheit der Sherpas stehen in der Diskussion, seit 2014 bei einem Unfall 16 Sherpas am Khumbu-Eisfall starben.

Während der Hochsaison landen täglich 60 Flüge auf dem Flughafen Lukla, und bei gutem Wetter stehen rund 200 Leute zum Everest-Aufstieg an. Die überfüllten Routen sind ein akutes Problem, denn der Abfall so vieler Bergsteiger und Träger muss irgendwie auch entsorgt werden. In einigen Trekking-Lodges hat die Solartechnologie Einzug gehalten, und seit 2014 muss jeder Bergsteiger am Everest 8 kg Abfall vom Berg herunterbringen.

Auch die Sicherheit im Luftraum gibt Anlass zur Sorge. Flugzeugabstürze 2010, 2011 und 2012 haben Duzenden Bergsteigern und Nepalesen in der Region das Leben gekostet.

Wissenswertes & Originelles

- Am Everest-Basiscamp enthält die Luft nur etwa 50 % des Sauerstoffanteils von der auf Meereshöhe.
- Über 3000 Menschen haben seit 1953 den Everest bestiegen: der jüngste war 13, der älteste 81 Jahre alt.

Seltsamster Anblick

Fans des Bizarren können zum Kloster Khumjung wandern und dort den Yeti-Skalp besichtigen. (Skeptiker behaupten allerdings, es sei der Pelz einer Bergziege.) Im Kloster Pangboche wurde 1991 die berühmte Yeti-Pfote entwendet, die nun durch ein Replikat ersetzt wurde.

Alleinstellungsmerkmal

Die Sherpas machen den Aufenthalt in der Everest-Region zum Erlebnis. Viele Lodges werden von früheren Everest-Bezwingern geführt, und in den meisten Familien arbeitet zumindest ein Mitglied als Träger oder Bergführer. Die Sherpa-Kultur gibt der Region ihr tibetisches Gepräge mit Stupas, Gebetsfahnen und in Stein gemeißelten buddhistischen Mantras. ● *Von Bradley Mayhew*

DER KULTIGE ZUG DER FERROCARRIL CHIHUAHUA PACÍFICO DURCHQUERT DEN KUPFER-CANYON

CARLINA TETERIS © GETTY IMAGES

Kupfer-Canyon, Mexiko

Diese Bergregion, die sich leuchtend grün aus der nordmexikanischen Wüste erhebt und deren Canyons um ein Vielfaches größer sind als der Grand Canyon, ist einzigartig schön

ACTIVITIES | ADVENTURE | OFF-ROAD

Bevölkerung **175000**

Ausländische Besucher pro Jahr **200000**

Hauptort **Creel**

Sprachen **Spanisch, Rarámuri**

Wichtige Wirtschaftszweige **Tourismus, Landwirtschaft**

Währung **Mexikanischer Peso (M$)**

Kostenindex **Doppelzimmer/Mehrbettzimmer Hotel 700/150 M$ (40/8,50 €), Tagesmiete Mountainbike 300 M$ (17 €), Canyon-Tour für vier Personen 2300 M$ (130 €), Zugfahrt 2. Klasse Chihuahua–Copper Canyon–Los Mochis 1442 M$ (82 €)**

Topografie **Tiefster Punkt der Schlucht (1849 m), höchster Punkt (3306 m)**

7

Warum 2015 dorthin reisen? > *Erreichbares Abenteuer*

Ob Ultramarathon, Radrennen oder – für ganz Waghalsige – der Absprung über einem 1250 m hohen Steilhang: In der Barranca del Cobre (Kupfer-Canyon) weiß man sich einen Kick zu verschaffen. Ab 2015 wird es noch vielseitiger.

Grund dafür ist der neue Flughafen Creel Airport, der Direktverbindungen in die USA nach Houston und Dallas anbietet, ebenso wie zu wichtigen mexikanischen Bestimmungsorten wie Mexiko-Stadt und Cancún. Früher benötigte man mehrere Tage, um zur Schlucht zu gelangen – mit der klassischen, aber zeitaufwändigen Bahnlinie Ferrocarril Chihuahua Pacífico und einem schweißtreibenden Abstieg vom Rand des Canyons hinunter bis zu seinem Grund. All dies ist nun ohne Muskelkater und Blasenpflaster zu haben.

Kreative Tourveranstalter rufen 2015 einen Tarahumara-Lauf (Überland-Lauf zusammen mit der markantesten indigenen Ethnie der Region, den Tarahumara) ins Leben, dazu ein Fahrradrennen die alptraumartige, wenn auch neu asphaltierte Straße nach Batopilas hinunter, einer Stadt aus der Kolonialzeit, tief in den tropischen Schluchten. Der Abenteuerpark am oberen Canyon-Rand, der Parque de Aventura Barrancas del Cobra, bietet weiteren Nervenkitzel: die längste Zipline der Welt und eine Katapultfahrt, bei der man mitten über der Schlucht an einem Bungee-Seil abgeworfen und wieder eingezogen wird. Ein Schlucht-Erlebnis der besonderen Art.

Lebensverändernde Erfahrungen

Die aufregendste Eisenbahnfahrt in Mexiko – von der Wüste (Chihuahua) durch die Canyons bis an die Pazifikküste (Los Mochis).

Im Parque de Aventura Barrancas del Cobre an der längsten Zipline der Welt über die Schlucht hinwegsegeln.

Die Canyons aus den Wolken ansehen – mit neuen Hubschrauber-Touren, die von den „3 Amigos“ am Flughafen Creel angeboten werden.

Neuester Trend

Statt Backpacker kommen heute immer mehr Flashpacker (Backpacker mit größerem Budget), und dieser Trend wird wohl auch weiter anhalten. Die besten Outdoor-Aktivitäten sind schon bedeutend teurer geworden als früher: Wenn man zum Preis für die Zugreise ein Angebot aus dem Abenteuerpark dazurechnet, dann noch in der Zukunft weitere Ziplines und schickere Unterkünfte (etwa am Grund des Canyons), ist klar, warum nur finanzstärkere Adrenalinkick-Sucher hier einchecken.

Cool ist …
die Tarahumara live zu erleben, asphaltierte Straßen (na ja, ein wenig), jeder, der beim Copper-Canyon-Ultra-Marathon bis zum Schluss durchhält

Uncool sind …
Expresszüge, Razzien auf Marihuana-Plantagen

Alleinstellungsmerkmal

Die fernen Gipfel und Schluchten der Barranca del Cobre sind nicht nur die Heimat der Tarahumara (weltbekannt durch ihre legendäre Ausdauer bei Läufen über mehrere hundert Kilometer und über 1500 m Höhenunterschied hinweg), sondern auch der Mennoniten (oft blonde, blauäugige Nachfahren holländischer Auswanderer aus dem 16. Jh., bekannt für ihr landwirtschaftliches Geschick und den köstlichen Käse, den sie produzieren).

ULTRA-MARATHON IN TARAHUMARA – EIN WAHRER HÄRTETEST FÜR AUSDAUER UND FITNESS

RYAN HEFFERNAN © GETTY IMAGES

Die beiden Kulturen machen diese Bergregion, die sich leuchtend grün aus der nordmexikanischen Wüste erhebt und deren Canyons um ein vielfaches größer sind als der Grand Canyon in Arizona, noch beeindruckender, farbiger und schöner.

Seltsamster Anblick

Cuauhtémoc, eine Bahnstation kurz vor Creel, an welcher der ziemlich antik aussehende Dampfzug auf der Strecke Chihuahua–Pacífico haltmacht, ist eine einzigartige Stadt. Hier wohnt der Großteil der Mennoniten Mexikos, die in den 1920er-Jahren von Kanada aus eingewandert sind. Ihre Kleidung erinnert an vergangene Jahrhunderte: Die Männer tragen lose Overalls, die Frauen lange, dunkle Kleider und Kopftücher. Die Mennoniten sprechen einen plattdeutschen Dialekt und betreiben Landwirtschaft mit Geräten, die in den meisten Ländern im Museum stehen würden. ● *Von Luke Waterson*

Kreative Reiseveranstalter haben für 2015 Überland-Läufe mit der markantesten indigenen Ethnie, den Tarahumara, im Programm

Festivals & Events

Im März steigt der berühmte Ultra-Marathon Caballo Blanco: Ein 80 km langer Lauf durch ungezähmte Wildnis und die Möglichkeit, mit den Tarahumaras zu konkurrieren. Früh mit dem Training beginnen …

Von März bis Juli findet das Festival Internacional de Turismo Aventura (Internationales Abenteuer-Tourismus-Festival) an verschiedenen Orten in Chihuahua statt (z. B. Extremsport in Sanddünen in der Wüste oder Forellenfischen in Madera nördlich der Schluchten).

Das Festival Internacional Chihuahua zum Thema musikalische Tradition der Region findet den ganzen September über in Chihuahua statt.

DER GEWALTIGE KOMODO-DRACHE, INDONESIENS TIERISCHES WAHRZEICHEN

CARLINA TETERIS © GETTY IMAGES

Flores, Indonesien

Mit neu ausgebauten Flughäfen und Straßen bietet Flores großartige Exkursionserlebnisse. Dafür braucht man vorher nicht mal ein Überlebenstraining

ACTIVITIES | ADVENTURE | OFF-ROAD

Bevölkerung **1,9 Millionen**

Hauptort **Labuanbajo**

Sprache **Indonesisch**

Wichtige Wirtschaftszweige **Tourismus, Landwirtschaft, Fischfang**

Währung **Rupie (Rp)**

Kostenindex **Doppelzimmer in Pension 400 000 Rp (26,50 €), Bintang-Bier 20 000 Rp (1,30 €), Tagestour von Labuanbajo zum Komodo-Nationalpark 250 000 Rp (16 €), Wagen mit Fahrer pro Tag 6 000 000 Rp (380 €)**

8

Warum 2015 dorthin reisen?

> Indonesiens nächstes großes Reiseziel

Von Drachen bis hin zu wunderschönen Stränden, über großartige Tauchmöglichkeiten, tropische Wälder, rauchende Vulkane, atemberaubende Wanderungen, exotische Kulturen und Asiens (wirklich!) bester Pizza – die indonesische Insel Flores bietet all dies auf nur 380 km Länge von Ost nach West. Seit die Flughäfen ausgebaut (täglich mehrere Flüge ab Bali) und die Straßen verbessert wurden (obwohl immer noch zu kurvig), bietet Flores viel Abenteuerurlaub, ohne dass man vorher ein Überlebenstraining absolvieren muss.

EIN LEUCHTEND TÜRKISFARBENER SEE IM KELIMUTU-NATIONALPARK AUF FLORES

Die Hafenstadt Labuanbajo im Westen ist für Reisende ideal: Cafés, Pensionen, Bars, Tauchshops und ein paar sehr gute Restaurants (Pizzas *made in Italy!),* und alles noch recht unkonventionell und locker. Westlich davon liegt der Komodo-Nationalpark, in dem die riesigen, fleischfressenden Komodowarane (also: Drachen) leben. Die kleine Parkinsel Rinca vor Labuanbajo rüstet gerade ihre Besucherinfrastruktur auf.

Östlich von Labuanbajo, entlang des Trans-Flores-Highway, gibt es in kleineren Städten wie Bajawa und Moni ebenfalls neue Touristeninformationen, Cafés und Pensionen. Besser ausgebaute Straßen ermöglichen Abstecher zu rauchenden Vulkanen, einsamen Stränden oder zu einem versteckten Dorf von Angehörigen einer der vielen alten Kulturen dieser Insel.

Lebensverändernde Erfahrungen

In einer Woche kann man hier ungeheuer viel erleben. Beginnen Sie in Labuanbajo mit der Beobachtung der Urzeitechsen, relaxen Sie dann an einem Traumstrand auf einer der winzigen vorgelagerten Inseln und tauchen oder schnorcheln Sie im fischreichen, glasklaren Wasser. Fahren Sie mit einem Minibus oder Privatauto quer durchs Land und genießen Sie die ständig wechselnde Landschaft. Machen Sie Halt in dem hübschen Bergstädtchen

Bajawa und besuchen Sie das Dorf Bena des Ngada-Volks.

Fahren Sie weiter nach Osten zur feuchtheißen Hafenstadt Ende mit ihren perfekt kegelförmigen, oft noch rauchenden Vulkanen. Eine Übernachtung im gastfreundlichen Dorf Moni lohnt sich für den Anblick des Sonnenaufgangs über den drei unterschiedlich gefärbten Seen von Kelimutu. Am nächsten Tag noch ein Besuch des un-berührten Strands von Paga, bevor Sie in Maumere ankommen. Von den vielseitigen Erfahrungen dieser Reise zehren Sie monatelang.

Diese Reise ist buchstäblich ein Kaleidoskop an Erfahrungen, von denen Sie noch Monate später zehren

Wissenswertes & Originelles

Der Komododrache ist ein Riesenwaran, der bis zu 3 m lang werden kann. Man sollte ihm tunlichst aus dem Weg gehen, denn:

- Er frisst alles, selbst die eigenen Jungen.
- Bakterien im Rachen sind seine Geheimwaffe. Ein Biss führt zu Blutvergiftung und ist immer tödlich. Die Riesenechse folgt einfach ihrem Opfer und wartet, bis es stirbt – was zwei Wochen dauern kann.
- Es wurde noch nicht geklärt, warum Warane nur auf Flores auftreten. Man nimmt an, dass sie vor 4 Mio. Jahren aus Australien eingewandert sind.

Seltsamster Anblick

Fantastische Reisfelder gibt es vielerorts auf der Welt, doch die riesigen, spinnwebartigen Anlagen von Cancar sind atemberaubend.

Lokale Spezialitäten

Die Anzahl Cafés, die kreative, frisch zubereitete und Mahlzeiten – oft in Bio-Qualität – anbieten, wächst ständig. Vielerorts stehen frische Meeresfrüchte auf der Karte, und indonesische Klassiker sowie das ständig wechselnde *nasi campur* (Tagesgericht) sind gut und günstig.

● *Von Ryan Ver Berkmoes*

↑

Cool ist ...

Labuanbajo ist genau richtig: eine einladende Stadt, ideal als Basis für die Erkundung von Flores, die dem Tourismus aber noch nicht ihre Seele geopfert hat

Uncool ist ...

Maumere ist gut als Abflugort: Fliegen Sie hin nach Labuanbajo und zurück ab Maumere. Ansonsten lohnt sich der Besuch kaum. Buchen Sie höchstens eine Übernachtung vor dem Frühflug zurück nach Bali.

↓

Festivals & Events

Das Dorf Bena spiegelt die traditionelle Kultur der Ngada auf authentische Weise. Reihen von eindrucksvoll mit Stroh gedeckten Hütten stehen Megalithgräbern gegenüber. Der Empfang ist immer freundlich, besonders Ende Dezember oder im Januar während der sechstägigen Reba-Zeremonie mit Tanz, Festessen, Opfergaben und ebenholzschwarzen Kostümen.

DER EINZIGE WEG FÜHRT BERGAB: SANDBOARDING IN DER GROSSARTIGEN ATACAMA-WÜSTE

Atacama-Wüste Chile

Bei so vielen Attraktionen in der Umgebung des Dorfes San Pedro de Atacama ist das einzige Problem: Sie haben nicht genug Zeit, alles zu sehen und zu erleben, was diese traumhafte Wüste bietet

ACTIVITIES | ADVENTURE | OFF-ROAD

Bevölkerung **292054**
Hauptort **Copiapó**
Sprache **Spanisch**
Wichtige Wirtschaftszweige **Bergbau**
Währung **Chilenischer Peso (Ch$)**
Kostenindex **Pisco sour 1500–2500 Ch$ (2–3 €), Doppelzimmer im Hotel 44000–105000 Ch$ (60–140 €), Tagestour zu den El-Tatio-Geysiren 20000–30000 Ch$ (26–40 €)**

9

Warum 2015 dorthin reisen? > Sie bekommen leuchtende Augen, wenn sie an diese Wüste denken

„Was die Wüste so schön macht", sagt der kleine Prinz in Antoine de Saint-Exupérys berühmter Erzählung von 1943, „ist, dass sie irgendwo einen Brunnen verbirgt". Doch in der Atacama-Wüste war es ein Minenschacht, der 2010 die Aufmerksamkeit der Welt auf sich zog, als 33 chilenische Bergarbeiter über zwei Monate lang darin verschüttet waren. Nach ihrer Befreiung stürzte sich Hollywood auf die Story und ließ 2014 Kamerateams und Filmstars für den Abenteuerfilm *Die 33* in der Wüste auffahren. Das Drama unter Erde bildet einen Gegenpol zur spannenden Entwicklung am

Festivals & Events

Anfang Januar wird bei Kunza Raymi („Unsere Party" in einer Mischung aus Quechua und Kunza, den ethnischen Sprachen der indigenen Wüstenbewohner) der erste Vollmond im Jahr gefeiert. Das mystische Freiluftspektakel ist neu im Veranstaltungskalender der Region und wird von Live-Musik, Partys und Camping unter Sternen begleitet.

Ende Juni wird mit der Fiesta de San Pedro y San Pablo (Fest des Hl. Peter und Paul) eine der größten Feierlichkeiten begangen: In einem einwöchigen Fest wird der Namenspatron der Ortschaft San Pedro geehrt. Höhepunkt der Festivitäten ist der 29. Juni, wenn bei Sonnenaufgang farbenfrohe, zeremonielle Tänzer durch die Straßen ziehen.

In der Atacama bringen die Einheimischen am 1. August der Pachamama („Erdmutter" für alle Ureinwohner der Anden) ihre jährlichen Opfergaben dar. Die *pago* (Zahlung) an die Göttin besteht aus Abgaben in Form von Speisen, Getränken und Kokablättern.

glasklaren Himmel, der sich über der ausgedörrten Wüste wölbt. Zusammen mit Forschungsinstituten aus Europa, Ostasien und den USA hat Chile ALMA (Atacama Large Millimeter/submillimeter Array) in Betrieb genommen, das größte Radioteleskop der Welt. Die Hochpräzisionsantennen des revolutionären Observatoriums auf einem 5000 m hohen Bergplateau ermöglichen es Astronomen und Wissenschaftlern aus aller Welt, die Entstehung von Gestirnen und Planeten zu beobachten.

Nachdem in San Pedro de Atacama – dem Hotspot für Outdoor-Abenteuer in dieser surrealen Landschaft – jeden Abend faszinierende, von Astronomen begleitete Sternguckertouren starten, gab es nie eine bessere Zeit, um in die trockenste Wüste der Welt zu reisen. Der Blick in die Unendlichkeit

des nächtlichen Himmels erinnert dann vielleicht an eine andere Passage aus der Erzählung *Der kleine Prinz:* „Alle Sterne sind hell erblüht ...“

Lebensverändernde Erfahrungen

Von adrenalingetriebenen Abenteuern – einen riesigen Vulkan besteigen, Sandboarding von steilen Dünen, wilde Pferderitte zu einer riesigen Salzwüste – bis zu entspannteren Erlebnissen – die Beobachtung aktiver Geysire im Morgengrauen, bei Sonnenuntergang an bunten Gesteinsschichten entlangwandern, in einer kristallklaren Lagune auf dem Rücken treiben – bietet die Atacama ein vielfältiges Outdoor-Programm. Von San Pedro de Atacama aus lässt sich so viel unternehmen, dass am Ende einzig die fehlende Zeit das Problem ist.

UNVERGESSLICHE EINSAMKEIT: UNTER EINEM BEDROHLICH WIRKENDEN HIMMEL FÜHRT DIE STRASSE NACH LAGUNAS ALTIPLANICAS

Jüngste Attraktion

2014 zog es für die Dreharbeiten von *Die 33*, einem Film über die wahre Leidensgeschichte der 33 verschütteten chilenischen Bergarbeiter und ihre Rettung, eine Reihe von Top-Promis in die Atacama – einschließlich der Filmstars Antonio Banderas und Juliette Binoche. Gedreht wurde zum Teil in Copiapó nahe der echten Mine (Kinostart: Anfang 2015).

Aktuelles Thema

Bis vor Kurzem war die riesige Mine bei Chuquicamata der größte Kupferlieferant der Welt. Berühmt ist „Chuqui“ auch als Brutstätte gesellschaftlicher Fragen: Die Filmbiografie *Die Reise des jungen Che* von 2004 zeigt den Besuch des jungen Revolutionärs in der Mine und wie die Empörung über die Arbeitsbedingungen sein politisches Denken beeinflusste. Heute machen viele internationale Touristen von San Pedro aus einen Abstecher in die Mine.

Seltsamster Anblick

Aufstehen um 4 Uhr früh lohnt sich, wenn man bei Morgengrauen am Rand des El Tatio steht, einem unwirklichen, von Vulkanen umringten Geysirfeld. Der Anblick der Dampfsäulen vor dem blauen Hintergrund des kahlen Altiplano ist unvergesslich.

Regionale Spezialitäten

Wandern, Radfahren, Sandboarding, Ausritte – Besucher der Atacama holen sich über den Tag hinweg meist einen gesunden Appetit. Deftige chilenische Küche wie *empanadas* oder *pastel de papas* (Kartoffelauflauf) wird in der Stadt in überteuerten Touristenrestaurants serviert. Eine Handvoll Restaurants und Imbissbuden bieten den Einheimischen regionale Spezialitäten wie *pataska* (ein herzhafter Maiseintopf mit Gemüse und Fleisch) an. Halten Sie abends Ausschau nach dem *rica rica sour*, einer Variante des traditionellen *pisco sour* mit aromatischen Kräutern aus der Wüste. ● *Von Bridget Gleeson*

SHOPPEN UND GUT ESSEN GEHEN: GEWUSEL IN DEN GASSEN DES HISTORISCHEN BEZIRKS DER MACAU PENINSULA

EIGHTFISH © GETTY IMAGES

Macao, China

Der Glamour der Neuen und die Charakterstärke der Alten Welt: Diese Mischung macht Macao heute aus – und 2015 verspricht ein herausragendes Jahr für die Region zu werden

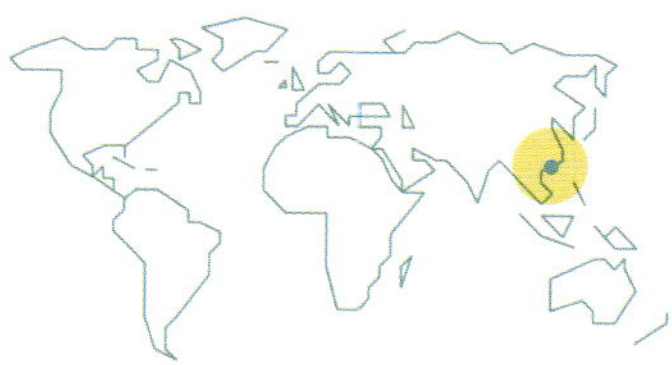

CULTURE | FOOD | EVENTS

Bevölkerung **607000**

Ausländische Besucher pro Jahr **3,94 Millionen**

Sprachen **offiziell Mandarin (Chinesisch) und Portugiesisch, inoffiziell Kantonesich, Patuá**

Wichtigster Wirtschaftszweig **Glücksspiel, Tourismus**

Währung **Macau pataca (MOP), Hongkong Dollar (HK$)**

Kostenindex **Hotel/Nacht 1500 MOP (138 €), portugiesisches Dinner für zwei inkl. Wein 800 MOP (75 €), Taxi Macau Peninsula zum Cotai Strip 150 MOP (14 €), Show-Ticket 1000 MOP (92 €)**

10

Warum 2015 dorthin reisen?

> Glitzernde Multi-Kulti-Boomtown

Lediglich eine Kopie von Las Vegas? Macao ist diesem Image längst entwachsen und hat sich in eine Mischung aus Glamour der Neuen und Charakterstärke der Alten Welt verwandelt. Mit sechsfach höheren Einnahmen aus dem Glücksspiel als Las Vegas hat Macao in den letzten Jahren einen echten Boom erlebt. Neureiche Chinesen vom Festland kommen in Scharen hierher und genießen, dass es in Chinas Glücksspielzentrum nur so brummt. Aber die Kasinokultur täuscht über den wahren Charme Macaos hinweg. Sein portugiesisches Erbe etwa hat eine Fusion-Küche geschaffen, die europäische, afrikanische, indische und chinesische Elemente miteinander kombiniert. Und wo sonst auf der Erde kann man morgens ein Räucheropfer in einem uralten buddhistischen Tempel chinesischen Ursprungs machen, nachmittags den höchsten Bungee-Sprung der Welt wagen, ein mit Michelin-Sternen gekröntes Abendessen samt einer Flasche portugiesischen *vino* verspeisen, sich in feinsten Zwirn für eine Glamour-Show werfen, nur um sich zum Schluss einen Plastikstuhl heranzuziehen, auf dem man dann chinesisches Streetfood als Mitternachts-Snack genießt?

Nachdem eine schicke neue Stadtbahn im Bau ist, die die Halbinsel mit den Inseln verbinden soll, große Hotelmarken wie Ritz Carlton und JW Marriott Häuser eröffnen und eine Menge neuer, glamouröser Spielkasinos gebaut werden, verspricht 2015 ein herausragendes Jahr für Macao zu werden. Und die Fertigstellung der längsten Seebrücke der Welt zwischen Macao, Hongkong und dem chinesischen Festland macht es leichter als je zuvor, dorthin zu gelangen.

Lebensverändernde Erfahrungen

Die Gassen und Straßen von Macaos Altstadt, von der Unesco zum Welterbe erklärt, erkunden – diese Mischung aus portugiesischer und chinesischer Architektur ist einmalig.

Die Genüsse der Küche Macaos probieren. Denken Sie etwa an Garnelen, *chorizo* und einen mit Oliven gespickten „portugiesischen *fried rice*".

Festivals & Events

Beim A-Ma-Festival am 11. Mai wird – mit Opfergaben in den ihr gewidmeten Tempeln und Aufführungen chinesischer Opern – jene taoistische Göttin gefeiert, deren Name für Macao Pate stand („A-Ma gao" bedeutet Bucht von A-Ma).

Wie der Name schon sagt: Beim Drunken Dragon Festival am 20. Juni ziehen Fischer mit hölzernen Drachen durch die Stadt – Macaos rauestes Fest.

Bei der Macau International Fireworks Competition kommen Teams aus aller Welt in die Stadt, um bei der Feuerwerk-Weltmeisterschaft gegeneinander anzutreten. Das Event im September und Oktober dauert unglaubliche fünf Wochen lang.

Wer den Nervenkitzel liebt, sollte Macao nicht verlassen, bevor er nicht einen Sprung von der höchsten kommerziellen Bungee-Plattform gewagt hat – oder, ebenfalls auf dem Macau Tower, ganz cool über den Skywalk in 233 m Höhe geschlendert ist.

Aktuelles Thema

Obwohl wenig Platz ist, wächst Macao unglaublich schnell: Mit der Auffüllung des Cotai Strip hat sich die Wasserlücke zwischen Taipa und Coloane geschlossen, und jeden Tag wächst neues Land aus dem Meer empor. Die Immobilienpreise sind exorbitant hoch, aber die lokalen Unternehmen stehen unter dem Druck, Macaos historische (sprich: niedrige) Bebauung zu erhalten. Dazu kommt die Diskussion über den demokratischen Prozess, nachdem der 20. Jahrestag der Übergabe der Region von den Portugiesen an China näherrückt.

Wissenswertes & Originelles

- Macao ist das am dichtesten besiedelte Gebiet der Erde, mit mehr als 21 000 Menschen auf 1 km^2.

- Mit 980 000 m^2 ist das Venetian Macau das größte Spielkasino auf dem Planeten.
- Nach Erkenntnissen der CIA haben die Menschen in Macao mit 84,41 Jahren die zweithöchste Lebenserwartung der Welt.

Seltsamster Anblick

Die goldene Fassade des Spielkasinos Grand Lisboa, die eine Lotsublüte darstellen soll, beherrscht Macaos Skyline. Außerdem umgeben die Stadt Dutzende von Kränen, die mitten im Meer Sand und Erde ausbaggern, um neues Land aufzuschütten.

Lokaler Jargon

Mitten im Satz die Sprache zu wechseln ist völlig normal in Macao. Bei Ihrem Besuch werden Sie mit großer Wahrscheinlichkeit hören, wie ein Einheimischer ohne Übergang vom Kantonesischen ins Protugiesische, Englische und Mandarin wechselt. Nur mit Glück allerdings werden Sie Patuá hören, den vom Aussterben bedrohten Dialekt der Gegend.

Regionale Spezialitäten

Das Essen selbst ist ein guter Grund, Macao zu besuchen. „Portugiesischer *fried rice*", afrikanisches Hühnchen und auf Holzkohlen geröstetes Seafood sind Grundnahrungsmittel. Eine andere lokale Spezialität sind macanesische Ei-Törtchen. Das kantonesische Essen ist ebenfalls exzellent, von Gourmet-*dim-sum* bis zum Nacht-Snack *chǎomiàn*. Und die feine Tatsache, dass keine Einfuhrsteuer anfällt, sorgt dafür, dass man sich über die Bestellung einer Flasche herrlichen Douro-Weins nicht den Kopf zerbrechen muss.. ● *Von Megan Eaves*

DAS VENATIAN MACAU – KOMPLETT MIT KANÄLEN UND GONDOLIERE – IST DAS GRÖSSTE SPIELKASINO DER WELT

© GETTY IMAGES

Lonely Planets Top Ten Städte

BLICK VON DER PENNSYLVANIA AVENUE IN DER ABENDDÄMMERUNG: DAS CAPITOL PRÄGT DAS STADTBILD VON WASHINGTON, D.C.

Washington, D.C., USA

2015 jährt sich zum 150. Mal der Tag des Attentats auf Präsident Lincoln, was wohl mit dem gebührenden Pomp einer Stadt begangen wird, deren Lebensinhalt die nationale Politik ist

EVENTS | CULTURE | FAMILY

Bevölkerung **5,8 Mio.**

Ausländische Besucher pro Jahr **1,8 Mio.**

Sprache **Englisch**

Währung **US-Dollar (US$)**

Kostenindex **Flasche Wein 12 US$ (9 €), Doppelzimmer Hotel pro Nacht 250 US$ (190 €), Tagespasse Metro 14 US$ (10 €), Abendessen für 2 Personen (mittlere Preisklasse) 70 US$ (52€)**

1

Warum 2015 dorthin reisen?

> Hier wird Geschichte geschrieben

Washington ist eine der interessantesten Städte der Welt, was Museen und Monumente betrifft, und das Smithsonian Institut, ein Netz von 19 Museen, einem Zoo und mehreren Forschungszentren, ist erste Klasse. Das Nationalmuseum für Afroamerikanische Geschichte und Kultur, das 2015 seine Pforten öffnet, ist die erste Neueröffnung dieser Instution seit mehr als einem Jahrzehnt und das einzige Museum mit diesem Themenkomplex in den USA. 2015 jährt sich auch zum 150. Mal der Tag des Attentats auf Präsident Lincoln, was mit dem gebührenden Pomp einer Stadt begangen wird, deren

Lebensinhalt die nationale Politik ist und deren Geschichte bei der Gründung des Landes eine so große Rolle spielte.

Einige Bauprojekte sind gerade auf dem Weg – wie das CityCenterDC in der Innenstadt und The Yards in einem ehemaligen Industriegebiet am Anacostia River, die ab 2015 nach und nach eröffnen sollen – mit Wohnungen, Hoels, Läden und öffentlichen Anlagen. Sie sollen die Stadtlandschaft verändern und die Bedürfnisse der vielen *young professionals* in der Stadt befriedigen. Dazu kommen noch eine lebhafte Schwulen-Szene, sehr gute Restaurants mit ethnischer Küche (z. B. äthiopisch) dank Zuwanderergemeinden aus aller Welt und gut eingeführte Theaterbühnen wie z.B. im Kennedy Center. Die Hauptstadt der USA ist attraktiver denn je.

Lebensverändernde Erfahrung

Es ist keinesfalls unterhaltsam und sicher kein Museum für Kinder, doch ein Besuch im United States Holocaust Memorial Museum wird Sie tief beeindrucken. Die Dauerausstellung erstreckt sich über drei Etagen und zieht einen Bogen von der Machtergreifung der Nazis 1933 bis zum Sieg der Alliierten 1945. Die Präsentation von 4000 Schuhen von Insassen des Konzentrationslagers Majdanek in Polen und der Turm der Gesichter, ein hoher Raum, mit 1500 Fotos, die zwischen 1890 und 1941 in Eishyshok aufgenommen wurden, sind besonders erschütternd. In der ehemals polnischen und heute litauischen Stadt löschten die Nazis und ihre Kollaborateure 1941 innerhalb von zwei Tagen fast die ganze jüdische Bevölkerung aus.

Kulinarisches Erlebnis

José Andres, einer der Top-Gourmetköche der USA und führend in zeitgenössischer spanischer Küche, stammt zwar aus Nordspanien, zog aber in den frühen 90er-Jahren nach Washington. Andres ist Herr über 13 Restaurants (und einen Lieferwagen) in fünf Städten, und sein allererstes, 1993 gegründetes Restaurant Jaleo läuft gut wie noch nie. Dieser Penn-Quarter-Liebling serviert klassische

Festivals & Events

Am Neujahrstag 2015 sind die Washington Capitals Gastgeber für das alljährliche National Hockey League (NHL) Winter Classic.

Am 14. April ist der 150. Jahrestag des Anschlags von John Wilkes Booth auf Präsident Lincoln im Ford's Theatre. Geplant ist eine Gedenkfeier, und neben anderen Events fährt auch eine Nachbildung von Lincolns Trauerzug die Route des damaligen Dampfzugs auf der Strecke von Washington in Richtung Lincolns Heimatstadt Springfield, Illinois, ab.

Ende März bis Anfang April feiert die Kapitale das Kirschblütenfest dank der Blütenpracht von 3000 japanischen Kirschbäumen, die der Tokioter Bürgermeister der Stadt 1912 schenkte. Die Website des National Park Service zeigt unter „peak bloom' die Tage an, wenn über 70 % der Bäume voll erblüht sind.

Nirgendwo wird der Unabhängigkeitstag (4. Juli) schöner gefeiert als in der Hauptstadt, mit einem Umzug von Blaskapellen aus dem ganzen Land, Stadtteil- und Grillfesten überall, und einem rot-weiß-blauen Feuerwerk am Nachthimmel.

Ihren Besuch im United States Holocaust Memorial Museum werden Sie nie vergessen. Besonders erschütternd ist der „Turm der Gesichter“

EIN WÜRDIGER TRIBUT: DIE PORTRÄT-GALERIE IM HOLOCAUST MEMORIAL MUSEUM

ELAN FLEISHER © GETTY IMAGES

und neue Tapas-Kreationen in einer Umgebung, die so viel Farbe und Energie ausstrahlt wie ein Almodóvar-Film.

Shopping-Highlight

Traditionell werden in Washington eher Blazer und Perlenkette getragen, doch in den letzten Jahren erlebte die Stadt eine Wiedergeburt in Sachen Stil, größtenteils wegen der Designer-Garderobe der First Lady. Georgetown ist mit seinen farbigen Reihenhäusern, mit Kanal und Kopfsteinpflaster, bei weitem der stylishste Einkaufsbezirk. Hier finden Sie ausgesuchte Antiquitäten (probieren Sie‘s mal bei Jean Pierre) und Designer-Kinderkleidung (The Magic Wardrobe), aber auch Schmuckunikate (Charm Georgetown).

Stilvolle Übernachtung

Das Willard Hotel hat eine illustre Geschichte. 1850 eröffneten die Brüder Edwin und Henry Willard ihr Gasthaus nur einen Straßenblock vom Weißen Haus entfernt. Fast jeder Präsident seit 1850 übernachtete hier, außerdem Gäste wie Mark Twain, Charles Dickens und Martin Luther King Jr. – die große alte Dame unter Washingstions Hotels könnte wohl so manche Geschichte erzählen. Ist es Ihnen zu teuer? Dann spazieren sie durch die opulente Beaux-Arts-Lobby zur Cocktailstunde in die clubähnliche Round Robin Bar. Hier wurde 1850 der Mint Julep in Washington eingeführt, und er wird heute nach demselben Rezept wie damals in der Bar serviert. ● *Von Genevieve Paiement-Jacobson*

MAJESTÄTISCH RAGT DER CERRO FITZ ROY HINTER EINER HERDE WANDERNDER GUANACOS AUF

El Chaltén, Argentinien

Der Parque Nacional Los Glaciares, die patagonische Eiskappe – kein Wunder, dass El Chaltén im Nu zur Trekking-Hauptstadt Argentiniens aufstieg. Und 2015 feiert sie 30. Geburtstag

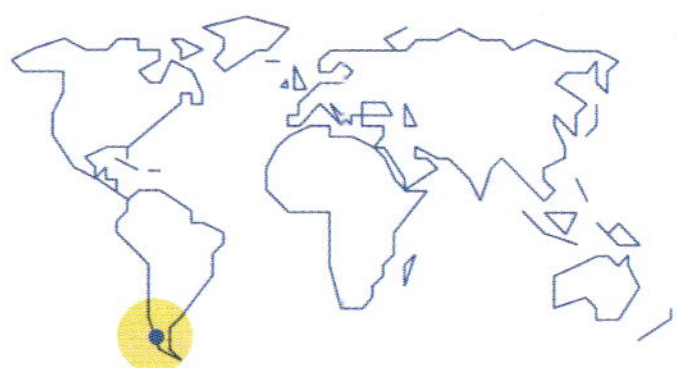

ADVENTURE | ACTIVITIES | OFF-ROAD

Bevölkerung **1000**

Ausländische Besucher pro Jahr **50 000+**

Sprache **Argentinisches Spanisch**

Währung **Argentinischer Peso (AR$)**

Kostenindex **Flasche Bier (970 ml) 15–50 AR$ (1,30–4,50 €), Übernachtung auf dem Campingplatz 50–60 AR$ (4,50–5,40 €), *asado*-Steak-Mahlzeit „all-you-can-eat" 100–150 AR$ (9–13,50 €), Geführte siebentägige Gletscherwanderung (ab 2000 US$/ 1500 €)**

2

Warum 2015 dorthin reisen?

> Besuchen, bevor das Städtchen erwachsen wird

Man nehme ein überwältigend schönes Zermatt, reiße alles, was über zwei Stockwerke (oder drei Sterne!) hat, ab, siedle einen bunten Haufen Künstler, Unternehmer und Studenten an, füge ein oder zwei *gauchos* hinzu und trete einen Zyklon los – und schon hat man annähernd das Lebensgefühl von Argentiniens jüngster Stadt.

Das Städtchen („Stadt" ist schon übertrieben) wird überragt vom Felsgipfel des 3405 m hohen Cerro Fitz Roy und des geheimnisvollen, vereisten Cerro Torre (3102 m). Zu ihren *barrios*, ihrer Nachbarschaft, gehören 726 927 ha an

Cool sind…
lange Sommertage; selbstgebrautes Bier; Plastik-Flaschenkürbisse für mate-Tee (gut beim Wandern, falls Sie Argentiniens Nationalgetränk verfallen sind); CoffeeSocks (wiederverwendbare Baumwoll-Kaffeefilter für unterwegs)

Uncool sind…
Los vientos (Winde), wenn sie über den Gletscher heulen wie Höllenhunde; sie zerfetzen Zelte, werfen vollbeladene Trecker um und wirbeln lose Teile bis nach Feuerland.

unberührter Gletscherlandschaft, Gipfel, Seen, Wälder und Wasserfälle des Welt-Naturerbe-Nationalparks Los Glaciares. Fügen Sie jetzt noch den Campo de Hielo Sur hinzu, das zweitgrößte Gletschergebiet außerhalb der Polarregionen, dann wundert es nicht, dass Chaltén rasch zur Trekking-Kapitale Argentiniens wurde. Und 2015 wird die Stadt 30 Jahre alt!

Selbst „Städtchen" ist schon zu viel gesagt, denn die Atmosphäre ist dörflich. Es gibt eine Art Hauptstraße, unbefestigte Nebenwege, keinen Mobilfunkempfang, eine instabile Internetverbindung und einen einzigen Bankautomaten (der am Wochenende immer leer ist). Zum nächsten Flughafen sind es drei Stunden, und die einzig anständige Straße hierher ist die Ruta 23 von El Calafate. Aber das alle macht überhaupt erst Chalténs Charme aus.

Nicht falsch verstehen, die Menschen kommen, um Los Glaciares zu sehen. Es gibt genug Wege und Routen, Ausblicke und Gipfel für unterschiedlichste Ansprüche, von einer Halbtageswanderung am See bis zur voll ausgerüsteten Wochentour übers Eisfeld. Wenn Ihnen Wandern oder Klettern nicht zusagt, weichen Sie auf Reiten, Mountainbiken, Angeln aus oder halten Sie sich an einem selbst gebrauten Ale fest. Die Ordnungshüter sind relativ entspannt.

EL CHALTÉN MAG VIELLEICHT IN EINE WESTENTASCHE PASSEN, IST ABER GANZ GROSS IN SACHEN VOLLGAS-ABENTEUER

© GETTY IMAGES

Festivals & Events

Die alljährliche Fiesta Nacional del Trekking zur Feier der ersten argentinischen Besteigung des Fitz Roy findet im März statt und umfasst zahlreiche Cross-Country-Events in den umliegenden Vorbergen.

Die Desafio Chaltén (Chaltén-Herausforderung) im April kombiniert Mountainbiking mit Trekking in einem Abenteuer-Teamrennen.

Das erste Bier nach einer Bergtour, ein langhalsiges Quilmes Bock, direkt vor dem *supermercado*, den Rucksack noch auf dem Rücken.

Aktuelles Thema

Mobilfunkverbindung. Wäre sie gut oder nicht? Wäre sie das Aus fürs Geschäft oder das Ende der Welt? Jeder in der Stadt hat da seine Meinung.

Kulinarischer Erlebnis

Vegetarier jetzt bitte nicht weiterlesen. Nach Tagen unterwegs mit Päckchensuppe und Instant-Nudeln gibt es ein kulinarisches Erlebnis, das man sich nicht entgehen lassen darf: das All-You-Can-Eat-*asado*. Fleisch grillen ist fast eine Religion bei den Argentiniern, und ein *asado* über Holzkohlefeuer, mit riesigen Stücken am Spieß, ist der Himmel. Halten Sie Ausschau nach einer Blechhütte nördlich von Relinchos mit der Aufschrift „All you can eat" und „*parilla*" – aber, glauben Sie's, eigentlich tut's jeder *parilla* (Grill).

Lebensverändernde Erfahrungen

Der Schnee knirscht unter den Füßen, man hält an, um Atem zu schöpfen und blickt über Hielo Sur – ein Gletscherfeld, das sich endlos ausdehnt. Oder zumindest bis nach Chile, wo in der Ferne eine Reihe Nunataks (einzelne Felsgipfel) aus dem Eis ragen wie zerbrochene Baisers.

Sehen Sie in der Kälte über der Laguna Los Tres sitzend zu, wie die ersten Sonnenstrahlen die nackte Ostwand des Fitz Roy aufleuchten lassen.

Wandern Sie von Chile aus über den Lago O'Higgins und die Laguna del Desierto auf die Stadt zu – eine mehrtägige Durchquerung der Wildnis, die nur eine Handvoll Reisender je in Angriff nimmt.

Stilvolle Übernachtung

Er ist überfüllt, eng und manchmal unbequem, aber es gibt einfach keinen besseren (oder billigeren) Traveller-Schmelztiegel als den Camping Relincho. Oberhalb des Rio de las Vueltas suchen Camper Schutz hinter Bäumen, Zäunen, Autos oder was immer sonst den Wind abhält. Slowenische Extremkletterer wohnen hier neben gutbürgerlichen Argentiniern oder einem australischen Motorradfahrer. Wenn der Wind tobt und das Zelt einknickt, dann ist die warme, chaotische Gemeinschaftsküche ein *refugio* im wahrsten Wortsinn. Irgendwie kriegt auch jeder dort sein Handy aufgeladen – selbst wenn man es nicht benutzen kann. ● *Von Steve Waters*

DIE VIA SAN MAURILIO IM STADTZENTRUM VON MAILAND

Mailand, Italien

Die Expo 2015 – die jüngste der seit 1851 stattfindenden Weltausstellungen – wird von Mai bis Oktober in Mailand abgehalten und scharenweise Besucher in die Stadt locken

CULTURE | FOOD | FAMILY

Bevölkerung **1,3 Mio.**

Ausländische Besucher pro Jahr **2 Mio.**

Sprache **Italienisch**

Währung **Euro (€)**

Kostenindex **Espresso im Café Zucca 5 €, Doppelzimmer in einem Boutique-Hotel im Viertel Navigli ab 70 €, *cotoletta alla milanese* (paniertes Kalbsschnitzel) in Spitzenrestaurant 26 €, Gesichtsbehandlung mit Edelsteinessenz im Bulgari Spa 130 €**

Beliebte Edelmarken **Prada, Dolce & Gabbana, Armani, Missoni, Moschino, Versace**

3

Warum 2015 dorthin reisen? > Eine exzellente Expo in Sachen Essen, Trinken und Kultur

Mailand ist eine Stadt mit verschwenderischem Reichtum und von fast schon furchterregender Eleganz. Denken Sie an Banker, deren handgenähte Schuhe teurer sind als Ihr Computer, reiche *donnas* mit Prada-Handtaschen und professionell gestyltem Haar, ältere Damen, die ihren Zwergpudel auf der Via della Spiga ausführen. All das ist schön anzusehen, kann Normalsterblichen aber das Gefühl geben, selbst ungepflegt zu sein.

Doch 2015 empfängt die Stadt Hinz und Kunz mit offenen Armen. Die Expo 2015 – aktuellste der seit 1851 stattfindenden Weltausstellungen –

Festival & Events

Anfang April zieht die MiArt, eine der wichtigsten Messen für Gegenwartskunst in Europa, Händler, Sammler und Künstler an, um zu kaufen, zu verkaufen und zu fachsimpeln.

Ebenfalls im April wird der Salone Internazionale del Mobile (die größte internationale Möbelmesse der Welt) abgehalten, mit Partys, Events und todschicken (und sehr teuren!) modernen Möbeln.

Am 7. Dezember findet Mailands größter Weihnachtsmarkt mit dem hübschen Namen Oh Bej! Oh Bej! („so hübsch, so hübsch" im Mailänder Dialekt) statt. Die Gelegenheit, um sich mit Kunsthandwerk aller Art einzudecken.

spielt sich von Mai bis Oktober hier ab und wird scharenweise Besucher in Italiens zweitgrößte Stadt locken. Diese Expo konzentriert sich auf Nahrungsmittel – eine Herzensangelegenheit der Italiener –, insbesondere auf nachhaltige Landschaft und die Ernährung der Weltbevölkerung. Das 1,1 Mio. m² große Messegelände wird angelegt wie eine römische Stadt, mit symmetrischen Straßen, einem Kanal und einem riesigen künstlichen See, umgeben von Pavillons. Entdecken Sie jenen Teil mit den Nahrungsmitteln der Zukunft, sehen Sie bei Koch-Shows zu, wandern Sie über *plazas* voller Straßenmusikanten und Tänzern oder verkosten Sie abends Wein. Mindestens 144 Länder nehmen teil. Frühere Weltausstellungen haben heutige Klassiker wie

Zuckerwatte, Eistüten und Hamburger vorgestellt oder populär gemacht. Kommen Sie nach Mailand um zu sehen, was wir in 50 Jahren essen werden.

Beim Einkaufsbummel unter der Glaskuppel der eleganten Galleria Vittorio Emanuele II kann man gut gekleidete Männer oder Frauen dabei beobachten, wie sie etwas ... Seltsames tun

Lebensverändernde Erfahrung

Der Mailänder Dom, aufgerüscht wie ein Hochzeitskleid, ist die fünftgrößte Kathedrale der Welt. Diese gotische Vision aus Marmor hat 135 Spitzentürmchen, 3200 fein gemeißelte Statuen, riesige Buntglasfenster und eine frühchristliche Krypta mit den Gebeinen des hl. Karl Borromäus. Der Bau des Doms zog sich über sechs Jahrhunderte hin. Einen halben Tag sollten Sie für seine Besichtigung mindestens einplanen. Das Dach ist sehenswert, besonders an klaren Tagen, wenn von dort die Alpen zu sehen sind.

KEN WELSH © GETTY IMAGES

HIER GIBT ES KEIN ENTRINNEN VOR DEM KAUFRAUSCH: IN DER GALLERIA VITTORIO EMANUELE II

Cool ist ...
„ethische Mode" aus organischen, fair produzierten Materialien; BikeMi, Mailands Leihfahrradprogramm; das Navigli-Viertel; ein klassischer Cappuccino zum Frühstück

Uncool ist ...
Gestylte Frisuren und jede Menge Glitzerschmuck; die niedliche Vespa aus lauter Unfähigkeit kaputtzufahren; zu elegante Kleidung für die Scala (keinen Frack, bitte!); Cappuccino nach dem Mittagessen

Aktuelles Thema

Italiener lieben Kaffee: 14 Mrd. Tassen Espresso konsumiert das Land jährlich. Allein Mailand hat 600 Cafés, in denen Baristas mit der Präzision von Wissenschaftlern und dem Auge des Künstlers den Kaffee zelebrieren. Braucht Italien also Starbucks? Das ist die Frage, die viele Mailänder bewegt, seit das Gerücht umgeht, die Mega-Kette aus Seattle wolle demnächst auch Italien erobern. Wird aus dem Cappuccino bald ein Frappuccino? Bleiben Sie dran.

Seltsamster Anblick

Beim Einkaufen in Mailands eleganter Galleria Vittorio Emanuele II sieht man gelegentlich elegant angezogene Damen oder Herren etwas ... Seltsames tun. Auf dem Stier-Mosaik am Boden stehend, platziert sie oder er die Ferse über die Hoden des Tiers und dreht sich dreimal um sich selbst. Woher die Tradition stammt, weiß niemand, doch sie soll Glück bringen. Dem Stier allerdings nicht – der Abrieb hat über die Jahre ein Loch in seine Männlichkeit gedrückt.

Kulinarisches Erlebnis

Die weltbekannten panierten Kalbskoteletts *cotoletta alla milanese* stammen aus dieser Stadt. Für das knusprigste, beste, in Butter goldgelb gebratene *cotoletta* der Stadt nimmt man ein Taxi in das alte Fleischviertel zur gemütlichen Trattoria del Nuovo Macello, wo diese Koteletts schon seit 1928 geklopft, gewendet und gebraten werden.

● *Von Emily Matchar*

LEGEN SIE DIE BEINE HOCH IN DER BERGBAHN NAHE DES MATTERHORNS, DEM WAHRZEICHEN VON ZERMATT

INGOLF POMPE © GETTY IMAGES

Zermatt, Schweiz

2015 wird diese noble Diva unter den Schweizer Ferienorten ihre legendäre Partystimmung bei der 150-Jahr-Feier der Erstbesteigung ihres Zauberbergs so richtig aufleben lassen

ACTIVITIES | ADVENTURE | FAMILY

Bevölkerung **5670**

Ausländische Besucher pro Jahr **1,08 Mio.**

Sprache **Schweizerdeutsch**

Währung **Schweizer Franken (Sfr)**

Kostenindex **Tasse Kaffee/Walliser Bier 4/5 Sfr (3,30/4 €), Doppelzimmer im Hotel/Schlafplatz im Hostel 130–800/40 Sfr (107–660/33 €), Skipass für einen Tag 75 Sfr (62 €), Glas Champagner auf 3883 m 15 Sfr (12,40 €)**

4

Warum 2015 dorthin reisen?

> Jubiläums-Hochstimmung im Hochgebirge

Wenn es hart auf hart kommt am Berg, dann macht Zermatt keine Gefangenen. Seit dem Ende des 19. Jhs. schmachten unerschrockene Wanderer, Bergsteiger und Skifahrer wie sentimental-verliebte Kätzchen das Matterhorn an, diesen Gott von einem Berg, dessen faszinierend perfekte Pyramide sich über der Stadt erhebt.

Noch mehr allerdings 2015, wenn diese noble Diva von einem Schweizer Ferienort bei der 150-Jahr-Feier der Erstbesteigung des Matterhorns ihre legendär gewordene Partystimmung erst richtig aufleben lässt. Am 14. Juli 1865 führte der englische Bergsteiger Edward Whymper eine siebenköpfige Gruppe erfolgreich zum 4478 m hohen Gipfel – nur um vier seiner Männer beim Abstieg 1200 m tief die Nordwand abstürzen zu sehen. Triumph und Tragödie dieser Tour bedeuteten für Zermatt den meteoritenhaften Aufstieg zu einem der angesagtesten Hochgebirgsorte der Welt.

Zu den Feierlichkeiten gehört die Wiedereröffnung der grundrenovierten Hörnlihütte auf 3260 m Höhe, spektakulär am Fuß des Matterhorns gelegen. In dem neuen Gebäude – das ganz auf Sonnenenergie und Nachhaltigkeit baut – machen Weltklassealpinisten Rast vor ihrem anstehenden Kampf auf Leben und Tod: dem Aufstieg in die berühmte nackte Wand aus Fels und Eis.

Bleiben Sie locker, wenn Sie weder Supermann noch Bergsteiger sind: Den historischen Aufstieg und tiefen Fall von Whympers Seilschaft können Sie auf der Freiluftbühne in Zermatt in einer Theaterinszenierung noch einmal miterleben. Und vor welchem Hintergrund? So anstrengungslos sensationell, wie von dieser Stadt mit ihrer verführerischen natürlichen Schönheit erwartet: dem Berg selbst!

Lebensverändernde Erfahrungen

Alpine Action definiert Zermatt. Testen Sie Ihr Können auf den höchsten Abfahrten in den Alpen. Schmelzen Sie dahin angesichts der Ausblicke auf den Berg gegen den tiefblauen Himmel, genießen Sie sie von langen, malerischen roten Pisten aus, oder fürchten Sie sich zu Tode auf steilen schwarzen Pisten. Nur für die Hartgesottensten: die Buckelpiste von Triftji, eine der schwersten Abfahrten dieser Art.

Fahren Sie mit der höchsten Seilbahn Europas bis auf 3883 m Höhe zum Matterhorn Glacier Paradise und betrachten Sie das Panorama aus 14 Gletschern und 38 Viertausendern. Gar nicht schlecht, Zermatt!

Ob Sonnenaufgang oder Mondlicht, die romantische Zahnradbahn aus dem 19. Jh. bringt Sie mit altmodischer Grandezza von Zermatt zum Gornergrat (ebenfalls ein europäisches Höhensuperlativ). Die Aussicht auf 3089 m Höhe ist einfach umwerfend.

Alpine Action definiert Zermatt. Testen Sie Ihr Können auf den höchsten Skiabfahrten in den Alpen.

Festivals & Events

Alpine Hipster, hier könnt Ihr zusehen, wie es die alten Hasen tun. Tourenskilauf war noch nie so heiß, und selbst der Tourenskilauf-Elite bricht bei den Matterhorn Ultraks SkiAlp am 11. April der Schweiß aus. Der Sommerlauf des zweiteiligen Rennens folgt am 22. August.

Zermatt Unplugged bringt vom 14. bis 18. April unverfälschte Akustikmusik in die Stadt. Das Line-up auf den Club- und Freiluftbühnen verspricht 2015 extra viele Stars.

Eine Party wie keine andere zuvor steigt am 14. Juli 2015 bei der offiziellen Feier des 150. Jahrestags der Erstbesteigung des Matterhorns.

ZERMATTS WAHSNINNSBERG-PANORAMEN UND WELTKLASSE-SKIABFAHRTEN SIND UNWIDERSTEHLICH

Cool sind …
Karten für die Sommertheater-Aufführung der Erstbesteigung des Matterhorns

Uncool sind …
Autos mit Verbrennungsmotor, Skimode aus der vergangenen Saison (also alles, was nicht so chic ist, dass man es nicht auch als Straßenkleidung tragen kann)

GEORGE CLERK @ GETTY IMAGES

Aktuelles Thema

Auch ein rund um die Welt von allen geliebter Ort wie Zermatt ist nicht immun gegen das Abschmelzen der Gletscher. Wenn die Erderwärmung weiter so anhält wie bisher, könnten bis 2100 die großen Eisströme im umliegenden Wallis zu 90 % abgeschmolzen sein.

Seltsamster Anblick

Nur wenige Museen der Welt stellen ein zerschlissenes, abgerissenes altes Seil als Hauptattraktion aus. Das Matterhorn-Museum schon.

Kulinarisches Erlebnis

Die Hautevolee ist hier schon seit Jahrzehnten unter sich, und der Chic ist seit der Eröffnung keineswegs verblasst. Und was gibt es Schöneres als im Freien luftgetrockneten Bio-Schinken in einem uralten Bauernhaus zu essen, eingehüllt in eine flauschige Decke und mit einem Rundum-Panoramablick auf Schneegipfel und das Matterhorn. Der Name? Chez Vrony.

● *Von Nicola Williams*

DIE SONNE GEHT ÜBER
MARSAMXETT, DEM ALTEN
HAFEN VON VALLETTA, UNTER

NICHOLAS PITT © GETTY IMAGES

Valletta, Malta

Die Hauptstadt Maltas wurde sensationell generalüberholt. Vielleicht liegt das am bevorstehenden Geburtstag – denn mit fast 450 Jahren könnte man der Stadt eine Midlife-Krise unterstellen

CULTURE | EVENTS | FAMILY

Bevölkerung **199 000**

Ausländische Besucher pro Jahr **1 Mio.**

Sprachen **Maltesisch, Englisch, Italienisch**

Währung **Euro (€)**

Kostenindex **Tasse Kaffee 1 €, Doppelzimmer im Hotel pro Nacht ab 30 €, kurze Taxifahrt 10 €, *pastizz* (traditionelles Gebäck) 0,30 €**

5

Warum 2015 dorthin reisen?

> 450 Jahre sind vergangen seit der Großen Belagerung

Sie waren noch nie in Valletta? Dieses Versehen muss korrigiert werden. So bald wie möglich. Zum Glück ist Ihr Timing gut: Die Hauptstadt Maltas wurde sensationell generalüberholt.

Vielleicht liegt es am bevorstehenden Geburtstag – denn mit fast 450 Jahren könnte man der Stadt eine Midlife-Krise unterstellen. In den letzten Jahren wurde sie nun gründlich mit architektonischem Botox aufgefrischt, was nicht allen Einwohnern zusagt. Die Frischzellenkur an moderner Architektur umfasst z. B. das aparte neue Tor zur Stadt von Renzo Piano, das Parlaments-

Festivals & Events

Valletta wurde im 17. Jh. erbaut und zelebriert in der zweiten Januarhälfte seine einheitliche Barockgestaltung beim Internationalen Barockfestival am kunstvoll verzierten Manuel-Theater und der St. John's Co-Cathedral.

Im Juli findet vor der Kulisse von Vallettas Hafen das Jazzfestival statt, bei dem internationale Jazzmusiker mit Künstlern aus Malta jammen und von Flamenco-Fusion bis zu traditionellem Jazz einfach alles spielen.

Im Oktober feiert die kleine Stadt Birgu auf der Hafenseite gegenüber ihr Kerzenlichtfest, bei dem die schönen, engen Gassen allein durch Kerzen beleuchtet werden.

EIN BUNTES GEWIRR MALTESISCHER BALKONE AUF DER REPUBLIC STREET IN VALLETTA

Valletta blieb erstaunlich rank und schlank mit einheitlichen Häuserfronten aus dem 17. Jh. entlang einem Raster gerader Straßen

gebäude des italienischen Architekten mit einer Fassade aus laserbearbeitetem Mauerwerk sowie sein Freiluftauditorium, ein Metallgerüst auf den Ruinen des Opernhauses.

Die kleine Kapitale ist durch ihre geografische Lage auf eine Landzunge beschränkt, sodass nie die Gefahr einer uneleganten Ausweitung ins Umland bestand. Valletta blieb deshalb erstaunlich rank und schlank mit einheitlichen Häuserfronten aus dem 17. Jh. entlang einem Raster gerader Straßen, an deren Ende die kobaltblaue See aufblitzt. Renzo Pianos Bauten sind umso aufregender, weil

WILLIAM ATTARD MCCARTHY © GETTY IMAGES

sie den Kontrast zwischen Alt und Neu umso markanter hervorheben. Kommen Sie auf Besuch und machen Sie sich selbst ein Bild.
Ein Grund mehr, dieses Jahr zu kommen, ist der 450. Jahrestag der Großen Belagerung. 1565 schlug eine kleine Schar christlicher Ritter des Malteserordens eine Armee plündernder Türken; es kam zu Gemetzeln, viel Blutvergießen und schmutzigen Tricks auf beiden Seiten. Dem Nationalfeiertag am 8. September geht eine Sondermesse und ein literarischer Abend am Vortag voraus.

Lebensverändernde Erfahrungen

Reich an Museen, konzentriert sich Valletta aber auf eine innen derart schön gestaltete Barockkirche, wie Sie sie nie wieder sehen werden. Die St. John's Co-Cathedral ist deshalb so reich dekoriert, weil sich die Malteserritter bei der Ausschmückung ihrer jeweiligen Kapellen gegenseitig übertrumpfen wollten. Caravaggios größtes Gemälde befindet sich dort.

Eine Vorstellung im Freilufttheater ist ein Muss. Wie ein Phönix erhebt sich das Theater über den Ruinen des im Zweiten Weltkrieg bombardierten Opernhauses aus dem 19. Jh.

Ebenfalls schön ist eine Bootsfahrt um den Hafen und ein Spaziergang durch die Straßen von Birgu (auch Vittoriosa genannt). Das Städtchen, einst Hauptquartier des Malteserordens, bietet schöne Ausblicke auf das heute bedeutsamere Valletta.

Jüngste Attraktion

Der Grassy Hopper verkauft vegane und vegetarische Bio-Lebensmittel. Der erste Stützpunkt war ein Lieferwagen im Hafen von Ta'Xbiex; nun wurde ein Laden in der Old Theatre St. eröffnet. Übriggebliebene Lebensmittel werden mehrmals pro Woche an die Armenspeisung verschenkt.

Aktuelles Thema

Was halten Sie von Renzo Pianos Beitrag zum Stadtbild von Valletta? Viele Malteser sind verärgert, finden die Gebäude hässlich und schimpfen über die hohen Baukosten, wo doch gespart werden sollte.

Wissenswertes und Originelles

- Im Zweiten Weltkrieg wurde Malta 154 Tage lang ohne Unterbrechung bombardiert (zum Vergleich, London litt 57 Tage lang).
- Der britische König Georg VI. verlieh der gesamten Bevölkerung von Malta das Georgskreuz für ihren Mut im Zweiten Weltkrieg.
- Malta und die umliegende See dienen oft als Film-Locations. Vor Kurzem erst wurden hier Aufnahmen für *Game of Thrones* gedreht.

Seltsamster Anblick

Unter den kostbarsten Exponaten des Nationalmuseums für Archäologie befinden sich ein paar „gewagte" prähistorische Steinphalli.

Kulinarisches Erlebnis

In der sehr gediegenen, familiären Trattoria da Pippo wird Essen mit viel Atmosphäre serviert. Für die meist einheimische Klientel gibt es herzhafte maltesische, stark von der italienischen beeinflusste Küche. Ein echter Geheimtipp. Nur Mittagessen.

● *Von Abigail Blasi*

EIN VERSCHNEITES PL
LEUCHTET HELL, WÄHRE
ABENDDÄMMERUNG ÜBE
STADT HEREINB

MAYA KARKALICHEVA © GETTY IMAGES

Plovdiv, Bulgarien

Plovdiv hat sich von seinem Kokon befreit: bezaubernde Kopfsteinpflastergassen, fein bemalte Häuser, Kunstgewerbemärkte, skurrile Museen und verlockend günstige Preise

CULTURE | FOOD | VALUE

Bevölkerung **339 000**

Sprache **Bulgarisch**

Währung **Lev (lv)**

Kostenindex **Doppelzimmer im Hotel 70 lv (70 €), Gläschen *rakia* 3 lv (1,50 €), ein Teller gegrilltes Schweinefleisch mit Kartoffeln 10 lv (5 €), Besuch in einer Galerie oder einem Baudenkmal 3 lv (1,50 €)**

6

Warum 2015 dorthin reisen?

> Ein Kleinod ersteht nach acht Jahrtausenden neu

Plovdiv, eine der schönsten alten Städte Europas, bietet vor dem Hintergrund des dramatischen Rhodopen-Gebirges Tausende von Sehenswürdigkeiten, ein heißes Nachtleben und abgründigen Humor. Bulgariens zweitgrößte Stadt ist eine Reise wert und wurde doch nie ins rechte Licht gerückt.

In den letzten Jahrzehnten hat sich die Stadt in eine moderne City verwandelt, ohne dadurch an Authentizität zu verlieren. Ihre beeindruckenden Ruinen (einschließlich eines Amphitheaters mitten im Einkaufsviertel) wurden im Lauf der 1970er- und 1980er-Jahre umsichtig freigelegt. 1990 wurde der lang ersehnte

Top Ten Städte

Sportkomplex (Bulgariens größter) fertiggestellt. Und seit 2000 wurden historische Gebäude, die unter dem Kommunismus verfielen, liebevoll restauriert und in Museen, Restaurants und Hotels verwandelt. Plovdiv ist seinem Kokon entschlüpft: gepflasterte Gassen, fein bemalte Häuser, Kunstgewerbemärkte, skurrile Museen und verlockend günstige Preisen. Das Warten hat sich tatsächlich gelohnt.

Lebensverändernde Erfahrungen

Wie Rom, die Ewige Stadt, ist auch Plovdiv auf sieben Hügeln erbaut. Doch Rom ist jung im Vergleich zu Plovdiv, einer der ältesten Städte Europas, deren Wurzeln bis 6000 v. Chr. zurückreichen. Die ereignisreiche Entwicklung von der neusteinzeitlichen Siedlung zur thrakischen Festung und ihr Übergang von römischer zu byzantinischer und ottomanischer Herrschaft kann in 200 schön restaurierten archäologischen Stätten nachvollzogen werden (verpassen Sie nicht die Djumaya-Moschee).

Doch das schönste Viertel der Stadt entstand während der nationalen Wiedergeburt im 18. und 19. Jh. Die Altstadt, ein wahres Schatzkästlein von Fachwerkhäusern und Kirchtürmen, leuchtet in den Schattierungen von zartblau bis warmem Gelb. Der farbenfrohe Glockenturm

Wenn Ihr kultureller Hunger gestillt ist, dann lassen Sie sich vom Rhodopen-Gebirge aus der Stadt locken.

Festivals & Events

Von Ende Mai bis Mitte Juli lebt Plovdiv auf beim Kulturfestival mit Musik, Schauspiel und historischen Gedenkfeiern.

Opernliebhaber freuen sich über das Verdi-Festival im Juni, wenn im Amphitheater in der Dämmerung Aufführungen gegeben werden.

Umarmen Sie Musik und Natur beim Bergwiesen-Festival, ebenfalls im Juni im Rhodopen-Gebirge.

Von Ende Juli bis Anfang August werden bestickte Röcke beim Internationalen Folklore-Festival in Plovdiv geschwungen.

Während der Nacht der Galerien im September kann man alle Galerien in Plovdiv ohne Eintritt besuchen.

Cool sind …

ortsansässige Künstler, Studentenaktivismus, umfunktionierte Gebäude, Künstlerbars

Uncool sind …

zerfallende Wohnblocks aus der Sowjetzeit

DIE FESTUNG ASEN IN DEN RHODOPEN STAMMT AUS DEM 12. JH.

von St. Nedelya bildet einen unglaublichen Kontrast zur sozialistischen Herrschaftsarchitektur des Hauptpostamts und der gedrehten Metallhelix auf dem Hauptplatz-Brunnen.

Wenn Sie ihren kulturellen Hunger gestillt haben, dann lassen Sie sich vom Rhodopen-Gebirge aus der Stadt locken. Entdecken Sie die thrakische Festung Asen, hoch über schroffen Tälern, oder suchen Sie Ruhe im Kloster Batschkowo.

Jüngste Attraktion

Plovdiv hat einige der interessantesten Beispiele an öffentlicher Kunst in Europa zu bieten, z. B. die Balkan-Wandmalereien an den Parkmauern des Ethnografischen Museums oder die auffallende kubistische Wandmalerei Ecke Ul. Saborn und Ul. Krivolak. Nette Straßenkunst sind bemalte Stromkästen.

Wissenswertes und Originelles

■ Der französische Lyriker Lamartine machte 1833 auf der Rückfahrt von seiner „Reise in den Orient" in Plovdiv Halt. Die Bürger waren entzückt über ihren literarischen Gast und weisen mit einer Tafel auf das Haus hin, in dem er übernachtet hat. 1980 kam der damalige französische Präsident Mitterrand auf Besuch.

Seltsamster Anblick

„Miljo der Narr" war der Till Eulenspiegel Plovdivs, ein Exzentriker, der die Stadt mit seinen Kapriolen unterhielt (und verärgerte). Eine Welt ohne ihn schien den Menschen von Plovdiv unerträglich, also setzten sie seine feixende Statue mitten in den Einkaufsbezirk.

Kulinarisches Erlebnis

Fleischesser haben in Plovdiv die Qual der Wahl. Ein schönes Ambiente bietet das Puldin Restaurant – in einem Steinkeller voller römischer Kunstgegenstände –, das leckere Grillgerichte serviert. Beginnen Sie mit einem eiskalten Gläschen *rakia*, dazu *shopska*-Salat aus Gurken, Tomaten und Scheiben von Schafskäse.

Shopping-Tipps

Eine verführerische Auswahl an Salben und Duftstoffen wie z. B. Bulgariens berühmtes Rosenöl bietet Refan an der Ul. Knyaz Alexander I. Weitere schöne Souvenirs sind Töpferwaren aus Troyan, Schüsseln und Geschirr mit charakteristischer Bemalung, die in der Ul. Saborna angeboten werden. Vor Ort hergestellter Schmuck, Bekleidung und ungewöhnliche Souvenirs sind auf dem Straßenmarkt vor dem Ethnografischen Museum zu besichtigen.

● *Von Anita Isalska*

BLICK AUF DIE KATHEDRALE VON SALISBURY IM MORGENNEBEL

ANDREAS JONES © GETTY IMAGES

Salisbury, Großbritannien

2015 ist das beste Jahr für einen Besuch dieser typisch englischen Stadt, wenn Salisbury den Champagner entkorkt für die 800-Jahr-Feier seines größten Schatzes, der Magna Carta

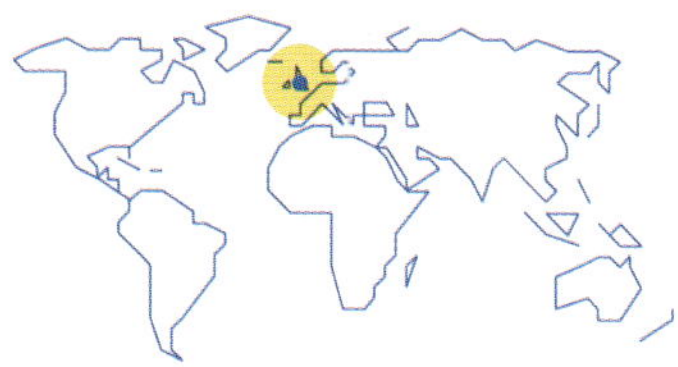

CULTURE | EVENTS | FOOD

Bevölkerung **45000**

Ausländische Besucher pro Jahr **1 Mio.**

Sprache **Englisch**

Währung **Pfund Sterling (£)**

Kostenindex **Pint einheimisches Bier 3,60 £ (4,50 €), Doppelzimmer 85 £ (106 €), Nachmittagstee mit Scones und Sahne 15 £ (19 €), Turmbesteigung der Kathedrale 10 £ (12,50 €)**

7

Warum 2015 dorthin reisen?

> Feiern Sie den 800. Geburtstag der Magna Carta

Viel zu lange schon haben Reisende Salisbury nur als Zwischenstopp auf dem Weg nach Stonehenge betrachtet. Doch 2015 wird sich das ändern, wenn Salisbury den Champagner entkorkt für die 800-Jahr-Feier seines größten Schatzes, der Magna Carta.

Es wäre fatal, den Einfluss der „Großen Charta" zu unterschätzen. 1215 am Ufer der Themse beeidigt und besiegelt, schränkt sie die Macht des Königs ein und legt die Bürgerrechte fest. Sie ist Grundfeste der englischen Gesetzgebung und war Inspiration für Gerechtigkeits- und Freiheitsbewegungen weltweit.

Top Ten Städte

Der 800. Jahrestag dieser Urkunde wird in ganz England gefeiert – Volksopern, Festivitäten und Ale-Brauen wie im 13. Jh. stehen an. In Salisbury befindet sich die besterhaltene Originalkopie (die anderen sind in der British Library in London und in Lincoln Castle); der Stadt kommt also die Führungsrolle zu.

Das Leuchtfeuer für die Feierlichkeiten ist die Salisbury Cathedral, das hoch aufragende mittelalterliche Meisterwerk, in dessen Kapitelsaal die Magna Carta aufbewahrt wird. Die Kathedrale selbst ist voller Superlative: größter Kreuzgang und höchster Kirchturm Großbritanniens mit der ältesten, noch funktionierenden Kirchturmuhr.

Im Kapitelsaal wird eine neue Ausstellung eröffnet, dazu gibt es eine Reihe von Gesprächen, Abendandachten, ein Blumenfest und noch viel mehr. Eine bessere Zeit, Salisbury zu besuchen, als das Jahr, wenn in den Straßen die universelle Freiheit des Menschen gefeiert wird, ist kaum denkbar.

Lebensverändernde Erfahrungen

Erforschen Sie die mittelalterliche Stadt und versetzen Sie sich in die Zeit der Burgfräuleins und Ritter. Beginnen Sie am Poultry Cross beim Marktplatz, wo ein vergoldeter Löwe und ein Einhorn finster vom in Stein gemeißelten Wappen über dem Nordtor herabblicken, einem Steinbogen aus dem Jahr 1327. Die gotische Kirche des hl. Thomas Becket jagt uns mit ihren apokalyptischen Wandmalereien noch immer genüssliche Schauder ein.

Old Sarum ist nicht nur eine alte Festung, hier können Adrenalin-Junkies auch Fallschirm springen oder fliegen

Wer könnte sich ausmalen, an den Pubs vorbeizugehen? Salisbury erhielt die „Purple Flag“, mit der in England Städte mit tadellos höflichem und gastfreundlichem Nachtleben honoriert werden (very british!). Genießen Sie einen Drink mit Blick auf den Avon in der Alten Mühle oder im historischen Ambiente von The Cloisters. Probieren Sie Apfelwein und Ale aus örtlichen Brauereien (Three Daggers) oder Wein aus der Gegend (Beckett's Vineyard).

OLD SARUMS ALTE RUINEN AUS DER LUFT – HEUTE EINE SPIELWIESE FÜR ERLEBNISHUNGRIGE

Jüngste Attraktion

Old Sarum ist nicht nur einfach eine alte Festung, hier können Adrenalin-Junkies auch Fallschirm springen oder mit kleinen Flugzeugen aufsteigen. In der Boscombe Down Aviation Collection gibt es Propellerflugzeuge zu besichtigen.

Wissenswertes und Originelles

- Die Leute von Wiltshire werden „Moonraker“ genannt, weil Schmuggler ihre Ware früher in den Teichen versteckten und nachts herausfischten. Wurden sie erwischt und verhört, gaben sie vor, das Spiegelbild des Mondes als Käse fangen zu wollen.

Festivals & Events

Das ganze Jahr über finden Feierlichkeiten zu Ehren der Magna Carta statt. Unter www.visitwiltshire.co.uk und www.salisburycathedral.org.uk finden sich die neuesten Informationen zu den Events.

Genießen Sie zwei Wochen zeitgenössische Skulpturen, Fotografien und Installationen beim Salisbury International Arts Festival, das am 23. Mai beginnt (www.salisburyfestival.co.uk).

Ganz Salisbury blüht auf bei der Magna Flora, dem eine Woche dauernden riesigen Blumenfest, das für September 2015 geplant ist.

- Kommt Ihnen Salisbury irgendwie bekannt vor? Dann haben Sie vielleicht die Verfilmung von *Sinn und Sinnlichkeit* von 1995 gesehen, die zum Teil im noblen Mompesson House gedreht wurde.
- Wenn Sie beim Verlassen des Pubs stolpern, sind vielleicht die hiesigen Geister Schuld, denn sie sollen einige Orte in Salisbury heimsuchen: Pubs, Straßenkreuzungen, selbst das Kaufhaus Debenham.

Seltsamster Anblick

Jeden Sommer treten bei Salisbury Kornkreise auf. Das Phänomen wird eifrig im Crop Circle Information and Coordination Centre diskutiert. Halten Sie Ausschau nach kleinen grünen Männchen.

Kulinarisches Erlebnis

Verhungern werden Sie in dieser Gegend voller mit Michelin-Sternen ausgezeichneten Restaurants und exzellentem Pub-Food nicht. Besonders gut schmeckt das Essen im Charter 1227, einem familiengeführten Restaurant, das lecker zubereitete Produkte der Region serviert, wie auf der Zunge zergehender Jungschweinebauch, Perlhuhn und reichhaltige Parfaits und Pasteten. ● *Von Anita Isalska*

DIE GROSSE GALERIE IM ROKOKOSTIL IN SCHLOSS SCHÖNBRUNN ZEIGT DECKENGEMÄLDE DES ITALIENISCHEN MALERS GREGORIO GUGLIELMI

Wien, Österreich

1865 kam der letzte große Kaiser der Habsburg-Monarchie mit seiner architektonischen Tour de force in die Gänge: die Ringstraße. 150 Jahre später ist der „Ring" noch immer ein Prunkstück

CULTURE | EVENTS | FOOD

Bevölkerung **1,7 Mio.**

Ausländische Besucher pro Jahr **5,8 Mio.**

Sprache **Deutsch, mit einem entspannten Wiener Akzent**

Währung **Euro (€)**

Kostenindex **Kaffee und Kuchen in einem *Kaffeehaus* 6–9 €, Wurst am Straßenimbiss 3,50 €, Tram/U-Bahn-Ticket 2,10 €, Eintritt ins Museum 12–14 €**

8

Warum 2015 dorthin reisen?

> Feiern rund um den Ring

1865 kam der letzte große Kaiser der Habsburg-Monarchie mit seiner architektonischen Tour de force in die Gänge: die Ringstraße – ein Boulevard, so pompös wie kein anderer. In einer verschwenderischen Umarmung von Wiens historischem Zentrum, verbindet er architektonische Juwelen wie das neugotische Rathaus mit dem Neorenaissance-Hochzeitskuchen der Staatsoper. Er war mutig. Er war großartig. Er war unglaublich teuer. Und der „Ring" veränderte Wiens Gesicht derartig, dass er selbst 150 Jahre später noch ein Prunkstück der Baukunst ist. 2015 setzen eine Reihe von Ausstellungen

Festivals & Events

Tanzen Sie mit der geschniegelten Crème de la Crème Wiens auf einem der 450 Bälle der Stadt im Januar und Februar Walzer, Foxtrott oder Polonaise – irgendwo zwischen kauzig und kitschig. Der Opernball (12. Februar 2015) trägt die Krone.

Ende Juni swingt ganz Wien auf dem Donauinselfest. Bands rocken die Donauinsel mit kostenlosen Konzerten, und drei Millionen Besucher machen mit.

Wie in einer Schneekugel erlebt man Wien im Dezember auf den märchenhaften Weihnachtsmärkten am Rathausplatz, in Schönbrunn und am Alten AKH. Das Neue Jahr wird eingeläutet mit dem weltberühmten Konzert im Goldenen Saal.

In dieser Stadt kann man im Dirndl durch Clubs ziehen, an der Würstlbude über Oper diskutieren und im 21. Jh. sein eigenes Märchen ausleben

WIENS KUNSTHISTORISCHES MUSEUM STEHT AN DER BERÜHMTEN RINGSTRASSE

und Events das Karussell der Feierlichkeiten in Bewegung.

Soll es ernsthafter zugehen? 2015 wird die Wiener Universität 650 Jahre alt. Die Namen von Sigmund Freud, Anton Bruckner und 15 Nobelpreisträgern werden für immer mit der ältesten Universität im deutschsprachigen Raum verbunden sein. Eine Führung durch ihre Arkaden, Säle und Bibliotheken bietet weitere Einblicke.

Aber wegen seiner historischen Lorbeeren schaffte Wien 2014 nicht den ersten Platz in der Mercer-Studie in puncto städtischer Lebensqualität. Die Stadt von Strudel und Strauß kann sich auch durch Innovation das Rampenlicht sichern – sei es durch zeitgenössische Kunst in einer ehemaligen Brotmanufaktur oder Kim Kardashian am

MATTHEW DIXON © GETTY IMAGES

Arm des Milliardärs Richard Lugner beim Opernball. Vergessen Sie Kompromisse und gesellschaftliche Grenzen: In dieser Stadt können Sie im Dirndl durch die Clubs ziehen, an der Würstlbude über Oper diskutieren und im 21. Jh. Ihr eigenes Märchen ausleben. 2015 wird auch der nagelneue Hauptbahnhof fertiggestellt, sodass die Ankunft in der österreichischen Hauptstadt immer angenehmer wird. Gehen Sie nach Wien. Gehen Sie jetzt. Sie werden Spaß haben!

Lebensverändernde Erfahrungen

Oh Wien! Ob man sich mit Kultur vollstopft oder im Kaffeehaus dem süßen Nichtstun frönt, diese Stadt wird Sie in unnachahmlicher Art für sich gewinnen. Wo sonst kann man sich in die Untiefen der Psychoanalyse versenken (Sigmund-Freud-Museum), durch Parks schlendern, durch die schon Mozart trödelte (Burggarten) oder weißen Lipizzanern beim Pferdeballett zusehen (Hofburg)? Das österreichische Kaiserreich stattete seine Hauptstadt mit traumhaften Unesco-Kulturerbe-Palästen aus (Schönbrunn) und sammelte eine unendliche Zahl von Meisterwerken, darunter nicht zuletzte die ultimative Umarmung – Klimts *Der Kuss* im Oberen Belvedere. Im Riesenrad – weltweit bekannt durch *Der Dritte Mann* – kommt man hoch hinaus und blickt herab auf ein Spielzeug-Wien.

Jüngste Attraktion

Aus Alt wird Neu. Befeuert vom Erfolg der Projekte Haus des Meeres (ein Aquarium in einem ehemaligen Flakturm aus dem Zweiten Weltkrieg) und der Pratersauna (Electro und Techno in einer ehemaligen Sauna) schwingt Wien weiter seinen Zauberstab der Erneuerung. Lieblingsprojekte? Aus dem Bordell in der Gumpendorfer Straße wurde eine Retro-Cocktailbar, und die Ankerbrotfabrik im 10. Bezirk wurde wiedergeboren als Galerie für zeitgenössische Kunst und Design.

Kulinarisches Erlebnis

Mitten im grünen Stadtpark, in einem ehemaligen Milchbetrieb, serviert die Meierei echte Wiener Spezialitäten auf hohem Niveau. Es gibt Rührei aus Straußeneiern und Alpen-Tatar, aber auch das beste Gulasch der Stadt, Kaffee und Kuchen und eine Käseauswahl mit 120 verschiedenen Sorten.

Shopping-Tipps

Jung-Designer-Shops findet man in den Seitenstraßen des 7. Bezirks. Diese Boutiquen verkaufen alles von Straßenkleidung mit einem Hauch von Indie bis hin zu Vintage-Seidenfummeln und handgefertigtem Schmuck. Bei Ina Kents vielseitigen Handtaschen und dem Folkiges-Fräulein-trifft-21.-Jh.-Betthäschen- Stil der Laufsteg-Königinnen Lena Hoschek und Susanne Biovsky flippen alle aus. Delikatessen, selbst gepflückte Kräuter und selbst gesponnene Stoffe findet man im Freihausviertel südlich des berühmten Wiener Naschmarkts.

Ungewöhnlichste Übernachtung

Der dezentralisierte, Hotel-als-Zuhause-Ansatz der Urbanauts Street Lofts ist wie ein frischer Wind. Mit dem Ziel, traditionelle Gewerbestätten zu erhalten, hat das Architekten-Trio Kohlmayr, Lutter und Knapp eine Handvoll leerstehender Läden und Nähbetriebe in super-gestylte Studios umgebaut. Alle Information über das Dienstleistungsangebot im Viertel wird bereitgestellt – vom Insider-Tipp zu Cafés, Hammams und coolen Bars bis hin zu Kinos und Fahrradverleih. ● *Von Kerry Christiani*

DA BLEIBT IHNEN DER MUND OFFEN STEHEN: BESTAUNEN SIE DEN KAPALEESHWARAR-TEMPEL IN CHENNAI

SUDARSHAN V © GETTY IMAGES

Chennai, Indien

Mit der Einweihung der Chennai Metro Rail, des ersten Nahverkehrsverbunds Indiens, hofft die Stadt ihr Profil auf dem internationalen Parkett zu schärfen

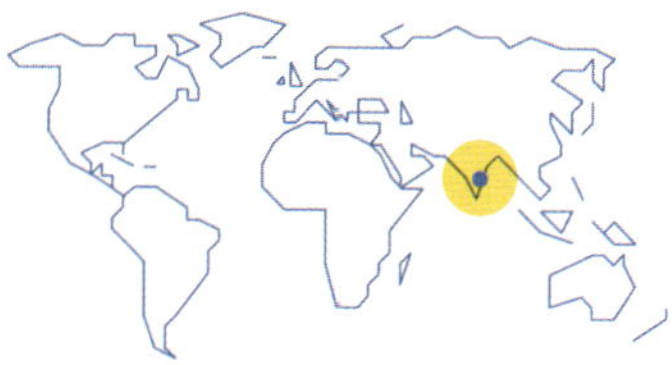

CULTURE | FOOD | EVENTS

Bevölkerung **4,4 Mio.**

Ausländische Besucher pro Jahr **3,5 Mio.**

Sprache **Tamilisch**

Wichtige Wirtschaftszweige **Automobile, IT, Finanzwesen**

Währung **Rupie (Rs)**

Kostenindex **Tasse Chai-Tee 8 Rs (0,09 €),** ***masala dosa*** **15–50 Rs (0,20–0,60 €), Doppelzimmer im Hotel pro Nacht 500–2000 Rs (6–24,50 €)**

9

Warum 2015 dorthin reisen?

> Entdecken Sie Indiens etwas andere Megacity

Von allen Megastädten Indiens ist Chennai die am wenigsten bekannte. Reisende schwärmen von Delhi, Mumbai und Kolkata, doch die Hauptstadt des tropisch-heißen Südens wurde lange nur als Ausgangspunkt für Reisen in andere Landesteile angesehen, statt als eigenes Reiseziel. Fragen Sie einfach mal irgendjemanden nach den wichtigsten Sehenswürdigkeiten Chennais, und die meisten werden kapitulieren.

Doch 2015 möchten die Einheimischen das ändern. Mit der Einweihung der Chennai Metro Rail, des ersten Nahverkehrsverbunds Indiens, hofft die Stadt, ihr Profil auf dem internationalen Parkett zu schärfen, und darauf, mehr als nur Sprungbrett für Reisen in „interessantere Gegenden" zu sein. Die schnellen, regelmäßig verkehrenden, klimatisierten Züge werden mit Sicherheit zumindest die Eindrücke, die man aus dieser feuchtheißen Metropole mitnimmt, verändern.

Zu sehen gibt es übrigens genug: von Statuen bedeckte drawidische Tempel, Schulen für klassischen indischen Tanz, faszinierende Museen, Kirchen und Festungen aus der britischen Kolonialzeit, einen 3 km langen Strand, auf dem Tag und Nacht etwas los ist, und Indiens zweitgrößte Filmindustrie in der westlichen Vorstadt Kodambakkam („Kollywood").

Lebensverändernde Erfahrung

Das schönste Chennai-Erlebnis ist ein Strandspaziergang. Der breite Sandstrand ist *der* Erholungsort der Stadt. Man trifft sich vorzugsweise am frühen Abend zum Flanieren, Joggen, Strand-Cricket, Drachen steigen lassen, zum Angeln, um Riesenluftballons zu kaufen, an Imbissbuden zu essen und zum Schwimmen (voll bekleidet, natürlich); oder man sitzt einfach nur da und schaut auf die Bengalische Bucht. Gut, es ist nicht Waikiki, aber die begeisterten Strandaktivitäten sind ein faszinierendes Guckloch auf den Rhythmus des indischen Südens.

Jüngste Attraktion

Rekorde brechen – die Menschen in Chennai lieben es, neue Rekorde auf-

Festivals & Events

Beim Pongal-Fest (14.–17. Januar 2015) sind Kühe im siebten Himmel. Jeder bietet dann jedem süße Reiskuchen mit Rohrzucker an, selbst den heiligen Wiederkäuern.

Im März oder April zieht es die Einheimischen zum Kapaliswarar-Tempel in Mylapore, um sich beim jährlichen Arubathu-Moovar-Festival die Prozession von Shiva mit Familie anzusehen.

Ganesha-Statuen in psychedelischen Farben werden beim Vinayaka-Chaturthi-Festival am 17. September 2015 rituell in Brunnen, Reservoirs, Teiche, Flüsse und ins Meer eingetaucht.

Zu sehen gibt es genug: von Statuen bedeckte drawidische Tempel, Schulen für klassischen indischen Tanz, faszinierende Museen, Kirchen und Festungen aus der Kolonialzeit

zustellen. In den letzten Jahren heimste die Stadt einige Lorbeeren ein, z. B. für die am längsten andauernde Drumming-Session (50 Stunden) oder die größte Gruppe von Menschen, die gleichzeitig zusammen Keyboard spielen (229). Wer weiß, was 2015 bringt?

Aktuelles Thema

Leben und Lieben der von tamilischen Schauspielern gespielten Filmfiguren. Geschätzte 77 Mio. Tamilen auf der ganzen Welt verfolgen gespannt die in Kodambakkam gedrehten Filme und diskutieren über die neuesten Hits, Flops, Choreografien, Romanzen, Dreiecksverhältnisse, Hochzeiten und Scheidungen der großen Kollywood-Stars.

BEIM BELIEBTEN KOLAM-WETTBEWERB ZUM MYPALORE-FESTIVAL ZEICHNEN DIE TEILNEHMER GEOMETRISCHE MUSTER MIT KREIDE AUF DIE STRASSEN

Wissenswertes und Originelles

- Der Name der Stadt wurde 1996 von Madras in Chennai geändert, um sich von den Briten abzusetzen, doch beide Namen sind britische Abkürzungen für Namen von Dörfern in der Nähe.
- Aufgrund seiner erfolgreichen Autoindustrie wird Chennai auch das Detroit Indiens genannt. 40% aller indischen Autos werden hier gebaut.
- Chennai liegt am Wärmeäquator. Das Klima ist also heiß, heiß, heiß, genau wie die scharfen Currys *hot, hot, hot* sind.

Seltsamster Anblick

Wahrscheinlich das Grab des Apostels Thomas, der 72 n. Chr. beim Versuch, die Inder zu bekehren, auf dem Berg des hl. Thomas in Chennai getötet worden sein soll – 14 Jahrhunderte vor Ankunft der Portugiesen 1498, die das Christentum „offiziell" nach Indien brachten. Ob der hl. Thomas tatsächlich in Indien starb, wurde nie erwiesen, doch alten Schriften zufolge verehren die Inder diesen Ort mindestens seit der Römerzeit.

Kulinarisches Erlebnis

Gestärkte Tischtücher gibt es hier nicht – Chennais bestes Essen wird auf einem Bananenblatt serviert. Die erste Filiale des Hotels Saravana Bhavan eröffnete in einer Vorstadt Chennais, doch das Essen war so gut, dass bald überall in der Stadt, im Land und auf der ganzen Welt Filialen entstanden. Vor jeder stehen Kunden Schlange für die fein gewürzten *thalis* (Tellergerichte), *dhosas* (Reismehlpfannkuchen) und südindischen Snacks, serviert mit der hauseigenen *sambar* (Tamarindensauce) nach Geheimrezept. ● *Von Joe Bindloss*

SCHWINDEL-
ERREGENDE HÖHEN:
DER EDGEWALK AUF DEM
CN TOWER IN TORONTO

MARK BLINCH © CORBIS

Toronto, Kanada

Die multikulturellste Stadt der Welt verspricht 2015 besonders lebhaft zu werden, wenn geschätzte 250 000 Besucher zu den Pan American (Pan Am) Games kommen

FOOD | CULTURE | EVENTS

Bevölkerung **5,2 Mio.**

Besucher pro Jahr **21 Mio.**

Sprachen **Englisch, Französisch**

Währung **Kanadischer Dollar (C$)**

Kostenindex **Hotel pro Nacht 70–450 C$ (48–310 €), TTC (U-Bahn)-Fahrt 3 C$ (2 €), Eintritt CN Tower 32 C$ (22 €), Fähre nach Toronto Island 7 C$ (4,80 €)**

10

Warum 2015 dorthin reisen? > *Es gibt viel zu sehen …*

Toronto, die multikulturellste Stadt der Welt, eine geschäftige Metropole, in der über 140 Sprachen gesprochen werden, verspricht 2015 besonders lebhaft zu werden, denn für die Panamerikanischen Spiele – eine Art Olympische Spiele für den amerikanischen Kontinent – werden an die 250 000 Besucher erwartet. Für das internationale 1,5 Mrd.-Sportereignis wurden Infrastrukturprojekte wie der lang erwartete Union Pearson Express, der Fahrgäste in nur 25 Minuten vom Flughafen in die Innenstadt bringt, angeschoben. Damit kann man schneller denn je die kulinarischen und kulturellen Köstlichkeiten der verschiedenen Viertel Torontos zu genießen. Zwar klingen allgegenwärtige Wohntürme, veraltete Mega-Autobahnen und architektonische Konzeptlosigkeit nicht gerade einladend, aber das Ambiente in den Stadtteilen Torontos macht das alles wett. Auch und besonders 2015 wird die Restaurant-Szene einem das Wasser im Mund zusammenlaufen lassen. Wer ins Nachtleben starten möchte, wird diese Stadt lieben: Die Einflüsse des nahen New York und Montreals halten die Spannung hoch, die Live-Musik-Szene in den Bars blüht.

Lebensverändernde Erfahrungen

Überblicken Sie Toronto vom beliebten CN Tower aus und machen Sie einen Spaziergang, freihändig, aber gesichert, auf dem Edgewalk über dem Dach der Aussichtsplattform (356 m) – falls Sie's wagen! Nehmen Sie die Fähre nach Toronto Island für einen sonnigen Nachmittagsspaziergang und den besten Blick auf die

↑

Cool sind ...
Ossington Ave (West), Danford Ave (Ost), Porter Airlines, das Gemeinde-Umweltzentrum Evergreen Brick Works, das Royal Ontario Museum, Waupoos Pfirsichmost

Uncool sind ...
Bürgermeister Rob Ford, Winter, Schlaglöcher, TTC-Verspätungen, Verkehr in der City und auf den Autobahnen, Hipster, poutine (Fastfood)

↓

TORONTOS SKYLINE BEI NACHT VON TORONTO ISLAND AUS BETRACHTET

TONY SHI PHOTOGRAPHY © GETTY IMAGES

Festivals & Events

Rock on im Juni beim 21. Geburtstag von North by Northeast, dem einwöchigen Musik-Performance- und Filmfestival in allen Bars und Veranstaltungsstätten der Stadt.

Toronto ist stolz auf seinen Ruf als eine der schwulenfreundlichsten Städte der Welt, was sich ebenfalls im Juni in der Pride Week in einer meilenlangen Parade manifestiert.

Auch das Luminato-Festival findet im Juni statt. Internationale Spitzenkünstler aller Genres geben Konzerte. Einige Events finden im Freien statt, viele sind kostenlos.

2015 richtet Toronto die Panamerikanischen Spiele aus (10.–26. Juli), ebenso wie die Para-Pan-Am-Spiele (7.–15. August). Fast so viele Zuschauer wie bei den Olympischen und Commonwealth-Spielen erleben die besten amerikanischen Athleten auf der Jagd nach Rekorden.

Das Toronto International Film Festival (TIFF) rollt 2015 vom 10.–20. September den roten Teppich aus. Das Juwel im Festival-Kalender der Stadt gehört heute zu den größten Filmfestivals weltweit.

Wenn Sie das Nachtleben mögen, werden Sie Toronto lieben: Die Nähe von New York und Montreal halten die Spannung hoch, und in vielen Bars und Clubs blüht die Live-Musik-Szene

Skyline der Stadt. Danach schnell nach Hause und sich aufstylen für den Abend. Den startet man am besten mit einem Open-Air-Cocktail auf der Terrace at Stock im 31. Stock des Trump-Hotels. Zum Dinner dann ein Spaziergang nach Westen auf der King St. zu Lee Lounge, dessen asiatische Fusion-Küchen-Geschmacksexplosion am besten zu zweit schmeckt. Wenn Ihre Geschmacksnerven sich dann höflich bedankt haben, locken die Bars und Clubs des nahen Entertainment District und in Queen West, ein paar Blocks nördlich. Bleibt die Frage: die Nacht durchtanzen oder -rocken?

Shopping-Tipps

Das gigantische Eaton Centre über den TTC-Stationen Queen und Dundas umfasst 230 Markengeschäfte. Ein paar Blocks weiter nördlich findet man in der „Nerz-Meile" an der Bloor St. Boutiquen mit Gucci, Prada und Chanel sowie die Leute, die sich das leisten können. Flippiges Jungvolk sollte direkt zu Queen West und Kensington Market gehen, wo es sehr viele klassische oder coole Boutiquen gibt und eine Wahnsinnsauswahl an Vintage-Fummeln.

Stilvollste Übernachtung

Unweit Bloor St. findet sich in Toplage das Windsor Arms, ein 1927 erbautes neugotisches Herrenhaus, in dem Promis, die mehr auf Privatsphäre als auf Gesehenwerden stehen, gerne Halt machen. Luxuriöse, riesige Suiten, klassisch, aber mit modernem Komfort – und in jedem Zimmer befindet sich ein Musikinstrument, von denen viele schon einmal von den Großen gezupft, geblasen oder geschlagen wurden. ● *Von Benedict Walker*

WILLIAM CHO © GETTY IMAGES

Lonely Planets Top Reise-Listen

Wo bekommt man 2015 das meiste für sein Geld?

Schnäppchen und Rabatte: Hier können Sie Ihr diesjähriges Reisebudget optimal ausnutzen und den Geldbeutel schonen

1 Tunesien

Dieser Tage denkt man bei Tunesien wieder eher an Urlaub als an Unruhen und erinnert sich daran, welch interessantes Reiseziel das Land ist. Reisewarnungen wurden zurückgenommen und viele treibt es nun wieder in das nordafrikanische Land mit dem kompaktesten Ferienangebot. Verlockend niedrige Preise sollen die Touristen ködern, und weniger Besucher bedeutet für die, die kommen, lohnendere Erfahrungen, sowohl im kosmopolitischen Tunis also auch in der Sahara, wo z. B. das Filmset von *Star Wars* oder römische Ruinen zu besichtigen sind.

Saisonale Charterflüge von europäischen Flughäfen nach Djerba bieten eine sehr preisgünstige Anreise.

2 Südafrika

Aufgrund von Kursschwankungen ist Südafrika für manche Reisende billiger als seit Jahren. Statt

GENE KRASKO © GETTY IMAGES

sich nur über die Unterbewertung des Rands zu freuen, bedenken Sie auch, was das Land Schnäppchenjägern bieten kann. Etwa fantatstische Safaris für alle Geldbeutel, spottbillige (und touristenfreundliche) Verkehrsmittel sowie kostenlosen Eintritt in viele der großen Landesmuseen. Jeder wird hier etwas für sein Budget finden – ob es nun ein freundliches, kostengünstiges Strandcafé in Kapstadt ist oder ein erschwinglicher Safari-Campingplatz. *Kommen Sie in der Nebensaison (Februar, März, September und Oktober) nach Südafrika, dann ist es nicht überfüllt und das Wetter angenehm.*

3 Shanghai

Trotz der neuen Stahl- und Glaspaläste, die in Shanghai in die Höhe geschossen sind, bleibt Chinas berühmteste Küstenstadt für Budget-Reisende erschwinglich. Hostels kosten weniger als 8 Euro pro Nacht, und selbst einfache und mittlere Hotels haben angenehme Preise. Nur die internationalen Hotelketten sind teuer, so wie trendige Boutique-Hotels. Dasselbe gilt für Restaurants: würzige Snacks an Imbissständen unter einem Euro und große Portionen in Straßenrestaurants für nicht viel mehr. Das schönste aber ist, durch die sicheren, geschäftigen Straßen zu schlendern und den Puls der sich rasend schnell verändernden Metropole zu spüren. *SmartShanghai (www.smartshanghai.com) ist großartig, um auf dem Laufenden zu bleiben.*

4 Samoa

Hört sich bekannt an: „Schönes, unerschlossenenes Tropenparadies sucht Reisende mit wenig Geld für eine diskrete Liaison. Bewerber müssen heruntergekommene Busse und einfache, aber idyllische Unterkunft in Strandhütten (*fales*) lieben, die von einheimischen Familien geführt werden, die auch gerne zum Essen einladen.“ Wir würden wie bei so vielen Zielen zuvor sagen: ab nach Samoa, so schnell wie möglich. Den Absprung schafft man am besten von Neuseeland oder Australien aus. Die Inseln gehören zu den besten Reiseschnäppchen im Pazifik. *Die Märkte von Apia, Samoas Haupstadt und größter Ort, sind eine gute Einführung ins Alltagsleben. Auf dem Maketi Fou, dem größten, kann man Souvenirs und kulinarische Köstlichkeiten erjagen.*

MEDENINE IN TUNESIEN DIENTE ALS DREHORT FÜR DIE *STAR-WARS*-FILME

JEAN-CLAUDE GALLARD © GETTY IMAGES

5 Bali

Viele frühere Geheimtipps sind zu überlaufenen, teuren Urlaubsparadiesen geworden, aber Bali ist sich treu geblieben. Backpacker-freundliche Bungalows am Strand und ähnliche preisgünstige Unterkünfte gibt es immer noch in Mengen, dazu vernünftige Preise für Essen und Transport. Bali ist aber auch extrem günstig für Reisende mit mittlerem Budget, denen Klimaanlage, balinesisches Design und ein breites Ferienangebot wichtig sind. Balinesische Spa-Anlagen sind zu Recht berühmt und günstig sowieso.

Balis internationale Beliebtheit zeigt sich in der großen Zahl an Flügen im Winter von russischen Städten aus – sie bieten die originelle Kombination einer Reise durch den Schnee in Sibirien und einer Woche Strandurlaub auf Bali.

6 Uruguay

In Brasilien hat die Fußball-WM die Preise in die Höhe getrieben – da steht Uruguay für einen Abstecher nach Südamerika schon bedeutend günstiger da. Der stolze Pufferstaat hat viel zu bieten: saftige Steaks, das lässige Montevideo und eine hippe Strandszene, die jedes Jahr mehr Besucher anzieht. In der Hochsaison kann es an der Küste teurer werden, doch im Allgemeinen ist Uruguay noch eine sehr preisgünstige Ecke Südamerikas.

Fray Bentos, eine verschlafene Stadt am Ufer des Rio Negro, bietet ein denkwürdiges Museum: die einstige Fabrik des weltberühmten Liebig-Fleischextrakts, dem Vorläufer der Brühwürfel.

7 Portugal

Regelmäßige Besucher wissen schon lange, dass die Algarve Europas preisgünstigste Urlaubsresorts bietet. Die surf- und familienfreundliche Region ist das beliebteste Reiseziel für Leute, die mehr als nur einen Strandurlaub wollen, und Portugal hat viel zu bieten. Lissabon (Bild auf der vorhergehenden Doppelseite) ist so vielseitig wie Barcelona, aber weniger überlaufen, preiswerter und leichter zu erreichen, nachdem der Billigflieger Ryanair bald die portugiesische Kapitale anfliegen wird. Und abseits der Touristenpfade aber ist das Land noch immer spottbillig. *Eine preiswerte Stadtrundfahrt in Lissabon bietet die Tram 28, die an vielen Sehenswürdigkeiten der Stadt vorbeizuckelt, zum Beispiel durchs Alfama-Viertel und zum Miradouro de Santa Luzia. Tickets für €2,85.*

8 Taiwan

Taiwan ist sein Geld wert. Taipeh ist deutlich preisgünstiger als Hongkong, Seoul und Tokio. Hotels sind zwar teuer, aber Hostels und Privatunterkünfte gibt es überall. Auch Camping ist in vielen der Nationalparks des Landes verbreitet. Die Rail-Pässe für die schnellen und modernen Züge sind günstig, der Eintritt von Besucherattraktionen wie z. B. Tempel ist billig, selbst große Museen sind bezahlbar. Gutes Essen vielleicht die Hauptattraktion Taiwans, ist für alle da, denn sowohl gefüllte Teigtaschen an Imbissbuden als auch Gourmetmenüs im Restaurant sind durchweg günstiger als in vergleichbaren Städten. *Eine große Flasche taiwanesisches Bier kostet Sie etwa 120 NT$ (etwa 3 Euro) oder weniger, wenn Sie sie im Lebensmittelladen kaufen.*

9 Rumänien

Die Länder Osteuropas tauchen oft in Budget-Listen auf, doch bei Rumänien ist es absolut gerechtfertigt. Heute durch Billigflieger an Europa angebunden, punktet das Land durch seine Übernachtungspreise in allen Kategorien, die durchweg die anderer Länder der Region unterbieten. In Bukarest übernachten meist Geschäftsleute, und Urlaubszeit ist hier Nebensaison. Außerhalb der Stadt locken Budget-Privatunterkünfte in mittelalterlichen Dörfern, dazu spektakuläre Burgen und das einzigartige Donaudelta, das sich bestens auf preiswerten, aber langsamen Fähren erkunden lässt. *Mit privaten „Maxitaxis", Bussen und Minibussen kommt man günstig durch Rumänien. Infos unter www.autogari.com*

10 Burkina Faso

Burkina Faso ist ein verborgenes Juwel. Es ist kaum bekannt, ruft aber bei allen wehmütige Erinnerungsseufzer hervor, die schon einmal dort waren. Sie erzählen von bunten Märkten, freundlichen Einheimischen, spektakulären Felsformationen und viel Spaß in Ouagadougou, der Hauptstadt mit ihrer quirligen Kunstszene. Dank bezahlbarer Preise und einer erstaunlich reichhaltigen Tierwelt im Süden gibt es kaum eine bessere Möglichkeit, Westafrika kennenzulernen. *Komfortabel reist man durch Burkina in verlässlichen, klimatisierten Bussen mit garantierten Abfahrtszeiten und Vorausbuchung, die günstigere Variante sind altgediente* taxi-brousses *(Buschtaxis), die entlegenere Ziele anfahren.* ● *Von Tom Hall*

Besondere Jahrestage in 2015

2015 finden Jubiläen vieler bedeutender Ereignisse statt – einige ergreifend und lebensverändernd, manche von globaler Bedeutung

1 Die Magna Carta wird 800, England

Die „Große Charta" wurde 1215 von König John auf Betreiben seiner widerspenstigen Barone bei Runnymede am Ufer der Themse unterzeichnet. Es war damals der Versuch, dem unbeliebten König Macht zu entreißen, und wer hätte heute gedacht, dass das Dokument auch 800 Jahre später noch Auswirkungen haben würde. Doch Passagen wie „Wir werden Recht und Gesetz nie veräußern, jemandem verweigern oder zurückstellen", die in den Rechtssystemen Großbritanniens, der USA und weiterer Länder verankert sind, garantieren, dass das Dokument weiter berühmt und wichtig bleibt.
Details zu den Gedenkveranstaltungen: magnacarta800th.com.

2 Schlacht von Waterloo, Belgien

Die Schlacht, die Napoleons Herrschaft endgültig beendete, jährt sich zum 200. Mal. Am Sonntag, den 18. Juni 1815, legte der Mann, der Frankreich und Europa über ein Jahrzehnt lang beherrscht hatte, in Waterloo im heutigen Belgien die Waffen nieder. Unter dem Duke of Wellington hielten die Briten den wiederholten Angriffen der Franzosen stand, bis die Preußen unter Blücher erschienen und den Kaiser aus dem Feld schlugen. In Europa begann nun eine lange Zeit des Friedens. Wellington war in England so populär, dass er zum Ministerpräsidenten gewählt wurde, und Napoleon starb 1821 im Exil auf St. Helena.
Das Schlachtfeld kann leicht von Brüssel aus besucht werden. Die Website www.waterloo200.org informiert über Details zu den Zweihundertjahrfeiern.

3 Jubiläum des weltweit ersten Restaurants, Frankreich

Die französische Küche ist zwar fein, wird aber heute nicht mehr als gesund angesehen – zu viel leckerer Käse und sahniger Rahm. Doch vor 250 Jahren, als ein Monsieur Boulanger das erste Restaurant der Welt beim Louvre in Paris eröffnete, hatte er zum Ziel, seine Gäste zu stärken („restaurer"), um sie gesünder zu machen. Boulangers Esslokal in der Rue Bailleul zog mit seinen Suppen und Brühen viele Kunden an und begründete einen kulinarischen Trend, der auf der ganzen Welt begeistert aufgenommen wurde.
Das Restaurant Boulanger besteht nicht mehr, aber Paris mangelt es nicht an Restaurants. Top-Empfehlungen: www.lonelyplanet.com/france/paris/restaurants

GARY MCGOVERN © GETTY IMAGES

4 Fünfter Geburtstag des höchsten Gebäudes, VAE

In einer Welt, in der neue Superwolkenkratzer praktisch täglich gebaut werden, ist es schon erstaunlich, dass ein Gebäude wie das Burj Khalifa in Dubai, schon seit fünf Jahren den Höhenrekord hält. Es erreicht schwindelerregende 830 m Höhe und hat seit seiner Eröffnung 2010 Titelanwärter mit Leichtigkeit geschlagen (das nächsthöhere Gebäude, das Makkah Clock Royal Tower Hotel in Mekka, ist gerade mal bescheidene 601 m hoch). Doch die Konkurrenz schläft nicht: 2019 soll ein weiteres saudi-arabisches Hochhaus, der Kingdom Tower in Dschidda, mit 1007 m eröffnet werden.

Planen Sie Ihren Besuch des höchsten künstlichen Aussichtspunkts auf www.burjkhalifa.ae.

5 Siebzig Jahre seit den ersten Atombombenabwürfen, Japan

Als der Zweite Weltkrieg im Pazifik nicht enden wollte, beschlossen die USA, ihre neu entwickelte Atombombe einzusetzen, um die japanische Kapitulation zu erzwingen. Am 6. August warf die *Enola Gay* die Bombe namens „Little Boy" über Hiroshima ab, am 9. August wurde eine zweite über Nagasaki abgeworfen. Am 15. August kapitulierten die Japaner bedingungslos. Bis zu 250 000 Menschen starben bei diesen bis heute einzigen Atombombeneinsätzen im Krieg. Die beiden Städte sind erfolgreich wiederauferstanden, doch auch noch siebzig Jahre danach ist unvergessen, was sie durchlitten haben.

In beiden Städten kann man Friedensandachten besuchen; zu Details siehe www.pcf.city.hiroshima.jp und www.peace-nagasaki.go.jp

6 Ein Vierteljahrhundert seit der Freilassung Nelson Mandelas, Südafrika

Nach 18 Jahren Gefangenschaft auf der winzigen Insel Robben Island vor Kapstadt trat Nelson Mandela am 11. Februar 1990 seinen Gang in die Freiheit an, unter den Augen von Millionen Fernsehzuschauern aus der ganzen Welt. Nach Jahren politischer Unruhen und zunehmender Gewalt gegen das Apartheid-Regime war seine Freilassung ein Riesenschritt und ging einher mit der Legalisierung aller politischer Parteien, einschließlich seiner ANC. All dies führte zur ersten demokratischen Wahl des Landes vier Jahre darauf.

Nach 18 Jahren Gefangenschaft auf der winzigen Insel Robben Island vor Kapstadt trat Nelson Mandela am 11. Februar 1990 seinen Gang in die Freiheit an

Heute ist Robben Island für Besucher zugänglich. Die Website www.robben-island.org.za bietet Informationen.

7 Ende des Amerikanischen Bürgerkriegs vor 150 Jahren, USA

Nach vier Jahren Konflikt und Kämpfen war das Ende des Amerikanischen Bürgerkriegs in Sicht, der das Land gespalten und etwa 750 000 Soldaten und Zivilisten das Leben gekostet hatte. Am 9. April 1865 kapitulierte General Lee mit seiner Südstaatenarmee in Appomattox Court House. Das war die erste einer Reihe ähnlicher Kapitulationen überall im Süden, von denen die meisten zu spät kamen für den Nordstaatenpräsidenten Abraham Lincoln, der fünf Tage nach Lees Kapitulation einem Attentat in Ford's Theatre in Washington zum Opfer fiel. Der letzte Südstaatengeneral Stand Watie gab erst am 23. Juni auf.

Von Fort Sumter in South Carolina, wo die erste Schlacht stattand, bis zu Appomattox Court House gibt es heute viele informative historische Websites: www.nps.gov/civilwar

8 Der Herr der Ringe wird 60

Zwölf lange Jahre schrieb er daran, doch dann war Tolkiens episches Fantasy-Werk *Der Herr der Ringe* im Oktober 1955 endlich mit dem letzten Band *Die Rückkehr des Königs* vollständig veröffentlicht. Der Aufforderung seiner Verleger folgend, dem Bestseller *Der Hobbit* eine Fortsetzung folgen zu lassen, hatte Tolkien einen Zyklus geschaffen, der mit einer Auflage von 150 Mio. auf Platz zwei der meistverkauften Romane aller Zeiten steht. Die Geschichte von Frodo und seinem Versuch, den allmächtigen Einen Ring zu zerstören, wurde zur Inspiration für zahlreiche Fantasy-Romane und zum Ausgangsmaterial für eine der populärste Filmreihen der Kinogeschichte.

Neuseeland, wo die Filme gedreht wurden, zog Millionen von Touristen an, die Frodos Fußstapfen folgen wollten. Planen Sie Ihren Besuch in Mittelerde auf www.newzealand.com/int/feature/lord-of-the-rings.

9 Die Cunard-Linie feiert 175 Jahre

Samuel Cunard rief 1840 den ersten regulären Schiffsdienst zwischen Großbritannien und Nordamerika ins Leben und gab damit den Startschuss für das Zeitalter der Ozeandampfer. Sein erstes Schiff, die *Britannia*, lief am 4. Juli aus und schaffte die Strecke Liverpool–Halifax in nur zwöf Tagen. Zu den Annehmlichkeiten des Schiffs gehörte ein Salon nur für Damen, und der Fahrpreis von 34 Guineas enthielt „Verpflegung und Weine". Charles Dickens konnte seiner Überfahrt auf der *Britannia* 1842 nichts abgewinnen, aber er war in der Minderheit, wie der Erfolg von Cunard und seiner Konkurrenten im Lauf des Jahrhunderts bewies. *Infos zum Jubiläum oder zur Buchung für die Gedenk-Überfahrt finden Sie auf www.cunard.co.uk.*

10 80 Jahre Museum der Hagia Sophia, Türkei

Natürlich ist die Hagia Sophia älter als 80 Jahre, aber im Februar 1935 wurde Istanbuls berühmteste Sehenswürdigkeit und eines der architektonischen Meisterwerke der Welt zum Museum erklärt. Der türkische Herrscher Kemal Atatürk säkularisierte das Gebäude im Zuge seiner westlich ausgerichteten Modernisierungspolitik. Seit ihrem Bau 537 n. Chr. bis zur Eroberung von Byzanz durch die Osmanen 1453 war die Hagia Sophia eine Kathedrale und Zentrum der griechisch-orthodoxen Religion. Dann war sie viereinhalb Jahrhunderte lang Moschee, bis sie vor 80 Jahren zum schönsten Museum der Welt wurde. *Informationen zu Ihrem Museumsbesuch finden Sie auf www.ayasofyamuzesi.gov.tr/en*

● *Von Cliff Wilkinson*

ERKUNDEN SIE DAS MINIATUR-DORF HOBBITON IN NEUSEELAND, WO DIE HERR-DER-RINGE- FILME GEDREHT WURDEN

Unvergessliche Reiseerlebnisse für Familien

Wecken Sie mit unseren Reisetipps bei der nächsten Generation die Neugier auf die Welt

1 Selbstfahrer-Safaris, Namibia

Den Etosha-Nationalpark mit seinen außerirdisch wirkenden Landschaften und der Möglichkeit, Großwild in freier Wildbahn zu beobachten (neben 340 Vogelarten, einschließlich großen Flamingos), kann man auf einer Fahrt im eigenen, ganz normalen PKW erkunden. Ein paar Nächte in dieser Wildtierzuflucht bringt zukünftige Dokumentarfilmer hervor, und der Anblick von echten Elefanten, Nashörnern, Büffeln, Löwen und Leoparden, die die Kids sonst nur aus Gutenachtgeschichten kennen, schafft bleibende Eindrücke. Nachdem die Übernachtungsmöglichkeiten von Camping bis zur Luxus-Lodge reichen, für jedes Budget und jeden Bedarf, ist dieses Jahr auf jeden Fall eine Tiersafari für die Familie drin. *Die beste Zeit für den Besuch ist Mai bis Oktober, wenn sich die Wildtiere um die kleiner werdenen Wasserlöcher scharen.*

2 Schatzsuche im British Museum, London, Großbritannien

Für Kinder ist ein Museumsbesuch heute, in einer Welt elektronischer Medien und Online-Zugang zu allem Wissenswerten, nicht besonders aufregend. Es gibt aber immer noch Möglichkeiten, die Knirpse in Staunen zu versetzen. Das British Museum etwa, vollgestopft mit Raritäten aus aller

MICHAEL TOWNSEND © GETTY IMAGES

Welt, ist nicht das einzige Museum, das sich erfolgreich bemüht, jungen Menschen Geschichte nahezubringen – mit Schatzsuchen und anderen Aktivitäten, die die Kids durch die besten Sammlungen lotsen. Besser noch, basteln Sie bei einer der Gratis-Mitmachaktionen zusammen mit den Kindern Wikingerhelme oder eine Comic-Version der Maya-Historie. *Infos: www.britishmuseum. org; der Eintritt ist frei.*

3 Segeln vor den Whitsunday-Inseln, Australien

Glasklares Wasser und weiße Strände umrahmen die bewaldeten Anhöhen dieser „versunkenen Berge“, deren Gewässer das Great Barriere Reef vom Ozean abschirmt. Während Sie von Insel zu Insel segeln, laden einsame Buchten zum Campen und buntes Meeresleben zum Schnorcheln ein. Segelneulinge wählen ein bemanntes Charterboot, aber mit ein bisschen Übung kann eigentlich jeder ein gechartertes Boot segeln. Auf sieben der Inseln befinden sich Resorts, die anderen sind unbewohnt und können auf eigene Faust erkundet werden.
Budget 1000 A$ (700 Euro) pro Tag für sechs Personen. Manche Angebote mit Crew bieten auch Tauchgänge. Infos: www.tourismwhitsundays.com.au

4 Prähistorische Felsmalereien, Dordogne, Frankreich

Für Kinder jeden Alters sind die prähistorischen Felsmalereien ziemlich cool, von den Kleinen, die erst lernen, wie alt diese Welt ist, bis zum Teenie mit einer Vorliebe für Street Art. Am berühmtesten ist die Grotte de Lascaux, wo Cro-Magnon-Künstler eine ganze Menagerie an Mammuts, Pferden, Steinböcken, Auerochsen und Stieren gemalt haben. Die Galerie von Rouffignac zählt ebenfalls zu den ältesten und schönsten der Welt. Zur Zeit wird darüber spekuliert, ob die vielfarbigen Fresken, die vor 12 000 bis 17 000 Jahren mit Handabdruck signiert wurden, von den Frauen der Clans stammen.
Informationen über Touren zu den malerischen Dörfern und über die Esskultur der Region finden Sie auf www.northofthedordogne.com.

5 Reittour, Wyoming, USA

Eine Reittour über Bergpfade ist eine gemächliche, intensive Art, die Wildnis zu erleben und die gemeinsamen Familienaktivitäten auf einen neuen Level zu heben. Es erwarten Sie Bergwiesen voll bunter Wildblumen, Flüsse voller Forellenschwärme, grasende Elche und Hirsche. Angebote gibt es je nach Komfortwunsch: Vom Ausritt zu einer Ferienranch, die auch Angeln und Wandern im Programm hat, bis zu einer geführten Reittour ins Hinterland des Yellowstone-Nationalparks. Das Tal mag im Sommer überlaufen sein, doch wer abseits ausgetretener Pfade unterwegs ist, lässt 95% der Touristen hinter sich.

Einzelheiten zu den Touren finden Sie auf www.wyomingtourism.org. Die Straßen sind oft im Winter gesperrt, also bitte vorher nachfragen.

6 Elefanten-Schutzgebiet, Sukothai, Thailand

Thailand hat Reisenden viel zu bieten, aber für Familien, die etwas Besonderes erleben wollen, ist ehrenamtliche Arbeit im Tierschutzgebiet Boon Lott's Elephant Sanctuary inspirierend und lehrreich. Ihre Kinder lernen hier, wie schwierig es sein kann, die Bedürfnisse von Mensch und Tier in Bezug auf Land und Ressourcen zu vereinen, und wie es ist, dem Königreich der Tiere selbst ganz nah zu kommen. Geschlafen wird in einfachen Hütten mit Kaltwasserduschen, also nicht luxuriös. Doch die Übernachtungskosten helfen bei der Finanzierung der Mission, zusammen mit den Gemeinden im Hügelland von Sukhotai „zu schützen, zu erweitern und auszubilden".

Buchen Sie im Voraus, denn das Projekt ist beliebt. Informationen bezüglich Anreise und was Sie mitnehmen sollen finden Sie auf www.blesele.org.

7 Harry Potter in Disney World, Orlando, USA

Sie haben mit Ihren Kindern alle Harry-Potter-Bücher gelesen – jetzt können Sie in der Disney-World-Version des Zauberlands von Hogwarts mitspielen. Die Hälfte der Zeit werden Sie in Erinnerungen darüber schwelgen, wie furchterregend Ihre erste Achterbahnfahrt als Kind war, und den Rest verbringen Sie damit, Ihren Disney-Trip auf der Karte zu planen, mit gerade mal einem kurzen Boxenstopp fürs Mittagessen. Die Zauberwelt von Harry Potter gehört auf der Familienliste einfach abgehakt, weil sie zunächst einmal eines ist: magisch.

Tickets kosten etwa 400 US$ (300 Euro) für eine vierköpfige Familie. Dieselben Attraktionen gibt es auch in Japans Universal Studios.

8 Schnorcheln mit Stachelrochen, Cayman-Inseln

Das ausgedehnte Meeresparksystem der drei Cayman-Inseln bietet zahlreiche Möglichkeiten, um zusammen zwischen Neonfischen und regenbogenfarbenen Korallengärten zu schnorcheln. Vor Grand Cayman, in Stingray City, kommen riesige Stachelrochen ohne Scheu herangeglitten und fressen den Menschen Tintenfischstückchen aus der Hand: Triff Deinen neuen besten Freund, den prähistorischen Rochen. Man kann darüber streiten, ob es ethisch vertretbar ist, die Fische zu füttern, aber die Erfahrung ist berauschend. Interessanterweise steigert die Bekanntheit des Angebots auch das Erlebnis: mehr Menschen, mehr Rochen, größerer Fressrausch im flachen Wasser zur Dinner-Zeit. *Achtung: Auch freundliche Stachelrochen sind potenziell tödliche Meerestiere, das Erlebnis ist nicht risikofrei. Infos unter www.caymanislands.co.uk/activities/attractions/stingraycity.aspx.*

9 Canopy Zip Line, Sacsara-Tal, Peru

Nur für abenteuerlustige Eltern: Sausen Sie an einer Seilrutsche hängend über eine Schlucht hinweg – ein gemeinsames Erlebnis aus Schrecken und Hochgefühl, das Ihre Kinder nie vergessen werden. Die Cola de Mono Canopy Zipline überquert die spektakuläre Landschaft des Sacsara-Tals. In den sechs Jahren des Betriebs soll es noch nie zu einem Zwischenfall gekommen sein, und man kann mit seinem Kind (älter als sechs Jahre) zusammen im Tandem über die Schlucht. Daneben werden auch Kajak und Rafting für Familien mit älteren Kindern auf dem Santa-Teresa-Fluss angeboten. *Einführungskurs zwei Stunden, Camping (www.canopyperu.com)*

Das Winterwunderland der schneebedeckten Moore und Berge Norwegens kann man mit Langlaufskiern auf gespurten Loipen durchqueren

10 Cross-Country-Skitour, Norwegen

Das Winter-Wunderland der schneebedeckten Moore und Berge Norwegens kann man mit leichten Langlaufskiern auf vorbereiteten Loipen durchqueren (Bild oben). Der Peer-Gynt-Trail, benannt nach der norwegischen Sagengestalt, bietet in regelmäßigen Abständen Skihütten und eignet sich daher bestens für Familien. Langlauf-Skifahren ist gratis, es fallen also nur Kosten für Skier und Übernachtung an. Neulinge können sich einer geführten Tour anschließen, bei der auch das Gepäck transportiert wird. Dabei halten sich die Norweger an einen klaren Bergkodex: Niemand darf in Gefahr kommen. *Die Wetterbedingungen können sich plötzlich ändern, also seien Sie nie ohne Karte unterwegs. Der Trail ist auch schön zum Wandern im Sommer. Infos bei www.visitnorway.com.*

● *Von Tasmin Waby*

Die besten Orte für die Frage aller Fragen

Haben Sie sich entschlossen, den Rest des Lebens mit dieser einen, ganz besonderen Person zu verbringen, stehen Sie oft vor einer noch größeren Entscheidung: Wo stelle ich die große Frage?

1 Bagan, Myanmar

Sonnenaufgänge sind immer romantisch, aber in Bagan sind sie fast surreal. Bagan, vom 9. bis zum 13. Jh. Hauptstadt des Königreichs Pagan, beheimatete einst 10 000 buddhistische Klöster, Tempel und Pagoden. Noch heute ist die umliegende Ebene übersät mit mehr als 2000 von ihnen. Klettern Sie gemeinsam in den frühen Morgenstunden eine Pagode hinauf (am besten Lawkaoushaung) und schauen Sie zu, wie die aufgehende Sonne das dunkle Land mit goldenem Licht überzieht und sich traumhaft die Silhouetten der Tempel abzeichnen. Das Schauspiel ist einfach unvergesslich – ideal für einen Antrag.

Die beste Zeit für einen Besuch in Bagan, etwa 190 km südlich von Mandalay gelegen, liegt zwischen November und Februar.

2 Trolltunga, Skjeggedal, Norwegen

Wenn sie die Natur liebt, keine Höhenangst hat und Ihnen bis ans Ende der Welt folgt, nimmt sie es Ihnen sicher nicht übel, wenn Sie ausgerechnet auf der „Trollszunge" vor ihr auf die Knie fallen. Trolltunga ist die gewaltigste aller Naturkulissen, eine dramatische Felszunge, die weit über einen 700 m tiefen Abgrund hinausragt, hoch über dem See Ringedalsvatnet. Man sollte sich auf die entlegene Bergregion gut vorbereiten: Der Rückweg ist eine acht- bis zehnstündige Wanderung. *Trolltunga ist am besten zugänglich von Mitte Juni (nach der Schneeschmelze) bis Mitte September. Die nächste größere Stadt ist Bergen.*

3 New York City, USA

Vollegepackt mit romantischen Locations, ist New York berechtigterweise ein Antragsliebling. Manche Orte bieten sogar Hilfestellung: Die Schlittschuhbahn des Rockefeller Center reserviert die Eisfläche auf Bestellung und spielt dazu die CD Ihrer Wahl. Die Aussichtsplattform im 86. Stock des Empire State Building kann mit einem Saxofonisten aufwarten. Ein anderer Ort mit Aussicht (aber weniger Hype) ist der Fußweg über die Brooklyn Bridge. Im Sommer ist Loebs Bootshaus im Central Park eine gute Wahl – mieten Sie ein Ruderboot oder eine Gondel oder stellen Sie die Frage aller Fragen bei einem Essen auf der Seeterrasse. *Tickets fürs Empire State Building kosten 27 US$ (20 Euro), der exklusive Zugang zur Eisbahn 350 US$ (260 Euro). Informationen zum Loeb Boathouse: www.thecentralparkboathouse.com.*

KEVIN & DEBBIE RUDD © GETTY IMAGES

Top Reise-Listen

4 NamibRand-Naturreservat, Namibia

In der Namib-Wüste muss der Mond nicht für Stimmung sorgen, die Sterne funkeln hell genug. Der Naturpark NamibRand wurde zu einem von nur drei International Dark Sky Reserves weltweit mit dem Goldstandard ausgezeichnet. Nach einem wundervollen Tag in der Natur und unter Wildtieren werden Sie vielleicht schon beim atemberaubend schönen Sonnenuntergang schwach, aber halten Sie sich mit dem Antrag zurück, bis das himmlische Feuerwerk so richtig losgelegt hat.

Der Naturpark NamibRand liegt im Südwesten Namibias und ist per Straße oder kleinem Charterflugzeug zu erreichen; Infos: www.namibrand.org.

5 Amalfi-Küste, Italien

Venedig, Rom und Florenz wären natürlich alle super, aber die Amalfiküste südlich von Neapel ist wie geschaffen für Liebende. Für den unvergesslichen Moment gibt es z. B. die hoch über dem Meer liegende Terrasse der Villa Cimbrone in Ravello, oder den Sentieri degli Dei (Götterweg) hoch über Positano. Aber insgesamt ist es überall so schön, dass man Hand in Hand schlendernd den geeigneten Ort ganz für sich selbst finden wird.

Garten und Terrasse der Villa Cimbrone sind tgl. von 9 bis Sonnenuntergang geöffnet. Eintritt 7 Euro, Infos: www.villacimbrone.com.

EINE FAHRT IM HEISSLUFTBALLON ÜBER BAGAN HAT IHRE GANZ EIGENE ROMANTISCHE ATMOSPHÄRE

6 Udaipur, Rajasthan, Indien

Udaipur in Rajasthan wurde 1829 von Colonel James Tod, dem ersten Diplomaten der Region für die britische Ostindien-Kompanie, „der romantischste Ort auf dem indischen Kontinent" genannt. Die kunstvollen Paläste, Tempel und Havelis erstrecken sich am Ufer des Pichola-Sees und der Lake Palace aus weißem Marmor scheint über den stillen Wassern des Sees zu schweben. Heute ein Luxushotel, ist der Palast ein traumhafter Ort, sich zu verloben.
Zimmer im Taj Lake Palace kosten ab 219 £ (273 Euro) pro Nacht; weitere Informationen: www.tajhotels.com.

7 Arches-Nationalpark, Utah, USA

Als Sinnbild von Macht, Zerbrechlichkeit und Schönheit der Natur, sind die roten Felsformationen dieses Nationalparks ideale Inspiration für Paare, die gerne in der freien Natur sind. Delicate Arch vor dem Hintergrund der La Sal Mountains ist einer der schönsten Orte. Der Double O Arch und der Double Arch bieten beide ebenfalls eine ideale Atmosphäre. Wenn Sie dann noch beide Kletter- oder Mountainbike-Fans sind, gibt es in Utah noch viel mehr zu feiern.
Arches National Park, 6 km nördl. von Moab, ist ganzjährig geöffnet. Eintritt 5 US$ (3,70 Euro), Camping 20 US$ (15 Euro). Infos: www.nps.gov/arch.

8 Paris, Frankreich

Paris, die Stadt der Lichter, ist faszinierend schön und eine der romantischsten Städte der Welt. Die Fußgängerbrücke Pont des Arts über die Seine nahe am Louvre bietet die richtige Atmosphäre für einen Antrag – die Umgebung ist großartig. Dezenter, aber unglaublich charmant ist es, *die* Frage auf einer der malerischen eisernen Fußbrücken über dem von Bäumen gesäumten Kanal Saint-Martin im 10. Arrondissement zu stellen.
Frühling und Sommer sind herrlich, aber teurer und überlaufen. Auch Herbst und Winter in Paris haben ihre Vorzüge, denn die Stadt ist wundervoll beleuchtet und nicht überfüllt.

9 Príncipe Island, São Tomé and Príncipe

Wo bitteschön? Genau. Eine paradiesische Insel in einem Land zu finden, dessen Namen die Wenigsten kennen, gibt Extrapunkte für Kreativität. Príncipes einsame Strände und tropische Schönheit schaffen den idealen Hintergrund für eine innige, ganz besondere Verlobung. Der kleine Inselstaat im Golf von Guinea vor Westafrika folgt einem eigenen, lässigen Rhythmus, dem man sich schnell überlässt.
Die beste Reisezeit ist Juni bis September. Ideal ist ein Aufenthalt im Bom Bom Island Resort; weitere Informationen unter www.bombomprincipe.com.

10 Antarktis

Ein majestätisches Reiseziel – die Antarktis ist überwältigend. Während der langen Reise über die Weiten des Südpolarmeers, wird klar, dass die Antarktis kein einsames Stück Welt ist, sondern ihr Ende. In den folgenden Tagen werden Sie außerdem feststellen, dass diese kalte und feindliche Umgebung unglaublich schön ist. Fügen Sie etwas Wärme durch Ihre Liebe hinzu (ein Diamant kann aber auch nicht schaden) und die Antwort ist ein riesiges „JA!".
Beste Reisezeit ist November bis März; im Hochsommer scheint bis zu 20 Stunden am Tag die Sonne.

● *Von Matt Phillips*

Die besten kostenlosen Tipps für 2015

Reisen müssen nicht die Bank sprengen: hier sind unsere Tipps zu jenen Attraktionen, die – wie die Liebe – nichts kosten

1 The Kensington Museums, London, Großbritannien

Willkommen in Kensington, Heimat gutsituierter Lords und Ladys, Rolls Royces mit Chauffeur und Londons beliebtesten kostenlosen Museen. Sie sind das Kultur-Triumvirat der Stadt: Der Stolz des Natural History Museum sind von Charles Darwin gesammelte Präparate, während sich das Science Museum mit der ersten Dampflok der Welt brüstet. Das elegante Victoria and Albert Museum hat sich auf fünf Jahrtausende Mode und Design spezialisiert, von der persischen Teppichweberei bis hin zur Post-Punk-Streetwear von Vivienne Westwood. Und das Beste daran: Keines der Museen verlangt Eintritt, aber der Museumsladen im V&A kann den Spartrieb kräftig ins Wanken bringen. *Ein Tunnel verbindet die U-Bahn-Station South Kensington mit den Kensington Museums, doch oben auf der Exhibition Rd. finden Sie gute Lunch-Stopps.*

2 Sterne gucken, Nevada, USA

Die Bedeutung des Wörtchens „Glitzerns" wird Ihnen erst bewusst, wenn Sie die Sterne im Nachthimmel über der Wüste sehen. Lässt man die Lichtverschmutzung über Las Vegas hinter sich, bietet der Himmel über Nevada herrliche Gelegenheiten zum Sterne gucken. Pfade durch die Wüste unweit des Ortes Tonopah erlauben einen ungehinderten Blick auf das Firmament – mit der geringen Chance, geheime

Flugtests oder gar UFOs vom benachbarten Groom Lake, alias Area 51, zu beobachten. Selbst falls sich ET nicht zeigen sollte, wird man mit dem Anblick von über 7000 Sternen und dem Umriss der Milchstraße belohnt.
Das geschichtsträchtige Mizpah Hotel (www.mizpahhotel.net) in Tonopah bietet Pionierflair; mindestens ein Bett steht auf Wagenrädern!

3 Lunch im Golden Temple, Amritsar, Indien

Man sagt zwar, nichts ist umsonst, aber im Goldenen Tempel von Amritsar sind Eintritt und Mahlzeiten kostenlos. Gastfreundschaft ist einer der wichtigsten Grundsätze der Sikh-Religion, und täglich kommen etwa 40 000 Pilger zur riesigen, hallenartigen Tempelküche Guru-ka-Langar für eine einfache Mahlzeit aus Chapatis , Gemüsecurry und Reis. Jeder, der rituell den Amrit Sarovar (Nektarsee) um den Goldenen Tempel umrundet hat, darf für Essen anstehen. Eine kleine Spende ist jedoch angebracht, um das gemeinnützige Werk der Tempelstiftung zu unterstützen.
Man kann am Golden Temple nicht nur essen, sondern auch in den niwas *(Pilgerherbergen) übernachten. Infos unter www.goldentempleamritsar.org.*

4 Rock al Parque, Bogotá, Kolumbien

Haben Sie es satt, teures Geld für Rock-Festivals auf matschigen Wiesen zu zahlen? Dann gehen Sie einfach nach Kolumbien zum Rock al Parque in Bogotá. Die Wiesen und Toiletten sind auch dort versifft, aber der Eintrittspreis beträgt coole null Pesos. Lateinamerikas erste Adresse für Auftritte von Rocktalenten bietet drei Tage lang alles, von Speed Metal und Powerchord-Stadionrock bis Punk, Blues und Ska. 2011 gaben die Dead Kennedys eine Einlage, das Festival hat also *credibility.* Kleine Warnung: Alkohol, Rauchen und Nietengürtel sind verboten.
Der Hauptveranstaltungsort für Rock al Parque ist der Simón Bolívar Park; das Programm finden Sie unter www.rockalparque.gov.co (auf Spanisch).

DAVID MALAN © GETTY IMAGES

5 Aufstieg zum Tafelberg, Kapstadt, Südafrika

Unsere Erde bietet uns viele großartige Ausblicke, aber die meisten zu einem Eintrittspreis, der ebenso großartig ist. Nicht so der Tafelberg (Bild auf der vorhergehenden Doppelseite). Wer den mörderischen Anstieg von Kapstadt zum Plateau nicht scheut, genießt einen der berühmtesten Ausblicke Afrikas, ohne dafür zu bezahlen. Die Seilbahn als Rückkehr-Alternative ist auch ganz praktisch. Ausgestattet mit Wasserflasche und Wetterschutz, können Sie den Tafelberg über etwa 350 Routen an den Steilklippen vorbei ersteigen oder der sicheren India-Venster-Route entlang der Seilbahn folgen.

Eine gute Karte ist unerlässlich– locals empfehlen die von Peter Slingsby (www.slingsbymaps.com).

Vom Spätherbst bis ins Frühjahr bemalt die Aurora Borealis den Winterhimmel in hypnotisch-impressionistischen Farbspielen

6 Strandleben in Rio de Janeiro, Brasilien

Wenn Rio entspannen will, geht es an den Strand. Die Sandstreifen bei Copacabana, Ipanema, Leme, Leblon und Barra da Tijuca sind Spielwiesen für Surfer, Beachvolleyball-Teams, Sonnenanbeter, Gitarrenspieler und schöne Menschen, die gerne zeigen, was sie haben. Ein wenig Geld für ein Bier am Kiosk genügt schon; der Rest kostet keinen Cent. Im Hinblick auf den Ausbau für die Olympischen Spiele 2016 wird WLAN an den populärsten Stränden gratis angeboten, aber die Leute von Rio bringen keine Gadgets an den Strand, um jederzeit im Handumdrehen ins Wasser springen zu können.

Günstige Busverbindungen fahren zur Küste; die Routen 583 und 584 nach Copacabana und Ipanema.

7 Das Nordlicht bewundern, Lappland, Finnland

Hat man einen Hotdog und ein Bier bezahlt, fragt man sich, was Skandinavien auf der Top-Liste kostenloser Erlebnisse zu suchen hat. Aber hier geht es um etwas, das sich für alle sichtbar am Winterhimmel abspielt. Vom Spätherbst bis Anfang des Frühjahrs bemalt die Aurora Borealis den Winterhimmel in hypnotisch-impressionistischen Farbspielen – nördlich des Polarkreises pulsiert es am lebhaftesten. Lappland ist ein guter Ausgangspunkt, besonders die eisigen Ufer des Inarijärvi, der Heimat von Finnlands Samen.

Inari liegt an der Busroute zwischen Ivalo und Rovaniemi, die beide von Helsinki aus angeflogen werden.

8 Fahrt mit der Staten Island Ferry, New York City, USA

Sie können nicht behaupten, New York gesehen zu haben, wenn sie es nicht von Staten Island aus gesehen haben. Der Gratis-Pendelverkehr von St. George auf Staten Island nach Whitehall in Lower Manhattan zeigt, was Tausende von Einwanderer nach der Einreise auf Ellis Island zuerst erblickten. Unbestrittener Höhepunkt ist der Kopf-bis-Fuß-Anblick der Freiheitsstatue, aber die Ankunft am Whitehall Terminal mit seiner Kulisse aus bekannten Wolkenkratzern ist fast ebenso eindrucksvoll.

Die Fähren gehen mindestens stündlich, Tag und Nacht in beide Richtungen – siehe www.siferry.com.

BEI DEN KOSTENLOSEN ESSEN AM GOLDEN TEMPLE KANN MAN HERRLICH LEUTE BEOBACHTEN

APRIL MACIBORKA © GETTY IMAGES

9 Surfspaß in Sydney, Australien

Kostenlose Erlebnisse sind in Australiens teuerster Metropole schwer zu finden, doch wer sein Surfbrett mitbringt, kann gratis surfen. Sydneys Surfstrände stehen allen offen, selbst so bekannte Breaks wie Manly, Curl Curl, Dee Why, Narrabeen und Freshwater, wo die hawaiianische Sportlegende Duke Kahanamoku die Sportart 1914 einst einführte. Wer sich schnell mal ein Board organisieren will, findet sie stapelweise in Second-Hand-Shops entlang der Küste. Wenn Surfen nicht Ihr Ding ist, springen Sie einfach in den Bädern Dee Why Rockpools, Bronte oder Freshwater zum Nulltarif ins Wasser.

Surfbretter fahren gratis in Sydneys Bussen und Zügen mit, so lange sie nicht den Weg versperren.

10 Lichtsymphonie, Hongkong, China

Die leuchtende nächtliche Skyline von Hongkong ist einer der spektakulärsten Anblicke der Welt. Überwältigend wird's bei der Symphony of Lights, die jeden Abend ab 20 Uhr im Hafen stattfindet. Am chinesischen Neujahr kommt auch noch ein Feuerwerk hinzu. Die besten Aussichtspunkte für diese visuelle Reizüberflutung sind die Uferpromenade von Tsim Sha Tsui, der Golden Bauhinia Square in Wanchai und die Fähren, die den Victoria Harbour durchkreuzen.

Eine Soundshow begleitet das Lichtspektakel am Tsim-Sha-Tsui-Kai und Golden-Bauhinia-Platz; Kommentare auf Englisch am Montag, Mittwoch und Freitag. ● *Von Joe Bindloss*

Belebende Heißgetränke gegen die Kaffeeabhängigkeit

Vergessen Sie Ihren geliebten Latte. Schlürfen Sie globale Trinkkultur mit dieser Auswahl an leckeren heißen Getränken.

1 Masala Chai, *Indien*

Modebewusste Menschen aus Mumbai, Pendler in Delhi, Ringelblumenverkäufer am Straßenrand – sie alle horchen auf, wenn der *chai wallah* (Teeverkäufer) ruft. *Masala chai* wurde einst als belebendes Getränk aus Kardamom, Ingwer und anderen Gewürzen in heißer Milch serviert. Schwarztee kam erst hinzu, als die englische Ostindienkompanie ihn im 19. Jh. einführte. Heute unterscheiden sich die Mischungen regional: Gewürznelke, grüner Tee, Rose. *Einige der am besten den Durst stillenden indischen Teesorten kommen aus Darjeeling; genießen Sie einen der delikaten Aufgüsse in Nathmull's Tea Room.*

2 Mate, *Argentinien*

In Argentinien ist das gemeinsame *mate*-Trinken eine nationale Obsession und es wird mehr *mate* getrunken als Kaffee – dabei *lieben* die Argentinier ihren Kaffee. Getrocknete *yerba-mate*-Blätter werden in einer Kürbisflasche mit heißem Wasser übergossen. Der bittere Trank wird mit einem metallischen Trinkhalm, der *bombilla*, geschlürft, die auch die Kräuter aussiebt. Die Kürbisflasche wird zum Zeichen der Freundschaft herumgereicht, man sollte also trinken (ohne an der *bombilla* herumzufummeln, das wird nicht gern gesehen). Sie werden nicht nur wegen des Gemeinschaftserlebnisses lächeln, *mate* ist dazu noch ein gesundes Getränk voller Vitamine und Antioxidantien. *Wollen Sie mehr darüber erfahren? Posadas und Tigre haben beide dem* mate *gewidmete Museen.*

3 Sbiten, *Russland*

Ein Getränk muss schon echt stärkend sein, um den Griff des russischen Winters zu lockern. Zum Glück wärmt *sbiten* schon seit dem 12. Jh. russische Nasen und soll dazu noch heilend wirken. Honig, Beerenmarmelade und zerstoßene Kräuter (meist Nelken und Thymian) werden in einem glänzenden Kupfer-Samowar aufgebrüht. Der Trank soll Immunsystem und geistige Mobilität stärken. In den letzten Jahrzehnten war wohl öfter Kaffee in sibirischen Thermoskannen, doch *sbiten* feiert ein Comeback, es gibt sogar eine gekühlte Sommerversion. *Wenn Sie ein* sbiten *besonders wärmt, enthält er einen Schuss Wodka oder Wein.*

4 Minztee, Marokko

Die meisten Besucher Marokkos sehen mit Erstaunen, aus welchen Höhen ihr Minztee eingegossen wird. Dabei geht kein Tropen verloren, und die große Geste sorgt dafür, dass der Tee schon etwas gekühlt in die Tasse gelangt. Das duftende Getränk entsteht, wenn brodelndes Wasser auf frische Minze und viel Zucker gegossen wird. Minzteegläser sind oft leuchtend bunt und mit metallenem Besatz verziert. Ihnen wird ebenso viel Beifall gezollt wie dem Tee selbst. Er wird als Zeichen der Gastfreundschaft angeboten, und viele Marokkaner sehen es als unhöflich an, wenn man eine zweite Tasse ausschlägt. *Vielleicht wird Ihnen ein Minztee beim Einkaufen im Basar von Fez oder Marrakesch angeboten. Denken Sie daran, ihn anzunehmen bedeutet keine Kaufverpflichtung.*

MAROKKANISCHER MINZTEE, TRADITIONELL SERVIERT

5 Bubble tea, *Taiwan*

Erst einfache Teehäuser, dann eine Weltkarriere: *Bubble tea* hat in 30 Jahren einen wilden Ritt absolviert. Ursprünglich wurde schwarzem Tee mit Kondensmilch ein Löffelchen Tapiokaperlen hinzugefügt: „boba" führte zum Namen „Bubble Tea". Heute gibt es alle Geschmacksrichtungen des Getränks, von Wassermelone bis zu Schokolade, in den schrillsten Neonfarben, die jeden Regenbogen verblassen lassen. *Bubble tea* schmückt Mahlzeiten von London bis Hongkong, als *pearl milk tea* bietet er so unwiderstehliche Zutaten wie Fruchtgeleebohnen und Früchte und wird eisgekühl serviert.

Probieren Sie Bubble tea *an seinem Ursprungsort in den Teehäusern auf Taiwan: Chun Shui Tang in Taichung oder im Hanlin-Teehaus in Tainan.*

ARGENTINISCHER *MATE* IST NATIONALGETRÄNK UND ÜBUNG IN SOZIALEM ZUSAMMENHALT ZUGLEICH

6 Api morado, *Bolivien*

Der magentafarbene, sämige und sehr süße *api morado* ist ein einzigartiges Frühstücksgetränk aus lilafarbenem Mais, Zimt, Nelken, Zucker und heißem Wasser, das in der frostigen Andenluft wärmt und belebt. Heutzutage wird es mit Zitrone, Ananas oder anderem Obst verrührt und zusammen mit einer anderen bolivianischen Spezialität serviert: mürben *empanadas*. *Api* wärmt die Mägen der Bolivianer schon seit den Tagen des Inka-Reichs. Immer mehr wissenschaftliche Daten belegen die entzündungshemmenden und gesundheitsfördernden Eigenschaften von Purple Corn; die Inkas hatten also den richtigen Riecher.

Beschränken Sie sich nicht nur auf lila api, *dampfende weiße Maisgetränke sind ebenfalls beliebt in Bolivien.*

7 Po cha, *Tibet*

Bei Gastfreundschaft mag niemand gern zögern, doch für viele bedeutet *po cha* zu trinken eine Überwindung. Die Zubereitung von Buttertee ist langwierig: Schwarztee, den man stundenlang hat ziehen lassen, wird mit Yak-Butter und Salz aufgeschäumt. Dieses Standardgetränk in den Bergen Tibets ist ideal für große Höhen: Es führt enorm viel Flüssigkeit zu und stärkt für die Arbeit in der Kälte. Doch der erdig-beißende Geschmack wirkt zunächst wie ein Schock auf die Geschmacksnerven. Trinken ist ein Ritual, bei dem vom Gastgeber erwartet wird, nach jedem Schluck erneut aufzugießen.

Ist po cha *nicht nach Ihrem Geschmack? Um Nachschenken zu vermieden, trinken Sie am Ende des Besuchs den Tee in einem Zug aus.*

8 Sahlep, *Türkei*

Süßer türkischer Kaffee bringt die Geister vieler Besucher der Paläste und Basars von Istanbul auf Hochtouren. Im Winter aber trinken die Türken lieber *sahlep*, heiße, gesüßte Milch mit Orchideenwurzelpulver. Getränke mit Orchideen wurden schon von den Römern als Aphrodisiaka eingesetzt (die Wurzelform ziemlich wörtlich nahmen). Obwohl die liebesfördernden Aspekte von *sahlep* heute keine Rolle mehr spielen, ist das nahrhafte Getränk mit der zarten Blumennote im Mittleren Osten beliebt und wird manchmal mit Orangenblütenwasser, Kokosnuss oder Rosinen versetzt.

Fragen Sie die Einheimischen nach authentischem sahlep, *denn oft bekommt man billige Maismehlkopien.*

9 Tieguanyin, *China*

In China Tee trinken heißt, eine alte Tradition erleben, die heute noch ein Eckpfeiler der Gesellschaft ist. Besonders bei der blumigen Oolong-Sorte Tin-Kuan-Yin (Tee der eisernen Gnadengöttin), deren Mythos im Herzen chinesischer Teekultur wurzelt. Der Geschichte nach betete ein armer Bauer um Mittel für die Renovierung des Tempels der Göttin und träumte von einem Schatz. Beim Erwachen sah er einen Schössling, der den feinsten Tee Chinas hervorbrachte. Der Tempel wurde wieder reich und benannte sich nach der gnadenvollen Göttin.

Der magentafarbene, sämige und sehr süße api morado ist ein einzigartiges Frühstücksgetränk

Schenken Sie den Tee immer zuerst Ihrem Nachbarn ein. Wird Ihnen eingeschenkt, danken Sie durch Klopfen mit dem Finger auf den Tisch.

10 Anijsmelk, *Niederlande*

Wenn Seen und Kanäle im Winter zufrieren, holen die Niederländer ihre Schlittschuhe heraus, und dazu gehört traditionell ein Glas *anijsmelk*: gesüßte Milch mit Anis, was eine rauchige Würze ergibt. Für die Niederländer ist es ein Geschmack voll Nostalgie, und wer die Milch schnell herstellen will, kann sich mit Anis versetzte Zuckerwürfel kaufen. Am besten schmeckt sie an einem frostigen Abend in Amsterdam, den warmen Duft in der Nase und frische *poffertjes* (Minipfannkuchen) in der Hand, während man den Eiskapriolen auf dem Kanal zusieht.

Die Holländer lieben Lakritzgeschmack und verzehren mehr als vier Pfund pro Person und Jahr, meist als salzig-süße Drops.

● *Von Anita Isalska*

Die schönsten Begegnungen mit Schafen

Von wilden Herden über Wollsocken bis zu Lammkoteletts: Wir folgen der Herde mit einer globalen Hommage zum chinesischen Jahr des Schafs

1 Tierkreisfiguren aus Jade, New York City, USA

Als Teil der ständigen Ausstellung chinesischer Ornamentalkunst des Metropolitan Museum of Art wird dieser Tierkreis in Galerie 222 ausgestellt und ist online ständig zu sehen. Ratte, Ochse, Tiger, Hase, Drache, Schlange, Pferd, Schaf, Affe, Hahn, Hund und Schwein spielen in der chinesischen Kultur immer noch eine bedeutende Rolle. 2015 beginnt das Jahr des Schafs (manchmal auch als Ziege angegeben) am 19. Februar. Im 6. Jh. wurden Tierkreise auf Wände gemalt; Tonfigurinen waren in der Tang-Dynastie (616–907) populär; die Jadefiguren des Met sind aus dem 19. Jh.

An Thanksgiving (26. Nov. 2015), am 25. Dez., 1. Jan. und am ersten Montag im Mai ist das Museum geschlossen. Siehe www.metmuseum.org.

2 Riesenwidder, Wagin, Australien

Von New Yorks Big Apple bis zum Big Sheep von Wagin in Westaustralien ist es ein langer Weg, kulturell und geografisch. Aber „große Sachen" sind eine willkommene Abwechslung auf den langen, geraden Straßen im australischen Outback. Es gibt mehrere Riesenschafe, aber dieser gigantische Widder ist eindrucksvolle 7 m hoch und 15 m lang und schaut gelassen über die Stadt. Es ist ein Monument zu Ehren der Merino-Industrie, die dazu beigetragen hat, dass das 1889 gegründete Wagin so hübsch historisch aussieht.

Wagin liegt drei Autostunden südlich von Perth; beste Reisezeit ist im März zur jährlichen Woolorama, einer der größten Landwirtschaftsmessen Westaustraliens.

3 Berberschafe, Nordafrika

Die robusten Berberschafe sind die einzigen wilden Schafe Afrikas und werden von den Berbern *aoudad* genannt. Sie leben in den kahlen Bergen und schaffen es, aus Pflanzen und Tau genügend Wasser zu ziehen, um zu überleben. Bei Gefahr stehen sie vollkommen still und sind kaum sichtbar – sehr nützlich, angesichts der Tatsache, dass sie in Ländern wie den USA, in denen sie eingeführt wurden, wegen ihrer schweren Hörner gejagt werden. In der Wildnis sieht man sie nur mit viel Geduld, Zeit und guten Kenntnissen ihres Habitats. Der WWF organisiert Touren durch die Sahara und durchs Atlas-Gebirge in Marokko, wo sie heimisch sind.

www.worldwildlife.org/tours und Natural Habitat Adventures www.nathab.com.

4 Schaf Dolly, Edinburgh, Schottland

Dolly (5. Juli 1996–14. Februar 2003) war ein Finn-Dorset-Schaf das Schlagzeilen machte und 1997 die Titelseite des *Time*-Magazins schmückte: das erste von erwachsenen Schafszellen geklonte Säugetier – und der einzige von 277 Versuchen, der es bis zum Erwachsenenalter schaffte. Warum der Name Dolly? Ian Wilmut, einer der Wissenschaftler, erklärt: „Dolly stammt von einer Brustdrüsenzelle ab, und uns fielen keine eindrucksvolleren Brustdrüsen als die von Dolly Parton ein." Die ausgestopfte Dolly wird im Schottischen Nationalmuseum in der Galerie Wissenschaft und Technik ausgestellt.

Das Museum ist täglich geöffnet, außer am 25. Dez., Eintritt frei. Informationen: www.nms.ac.uk.

MERINO-SCHAFE IN OTAGO, NEUSEELAND

5 Museum Norwegischer Strickindustrie, Norwegen

Die Salhus Trikotagefabrik, die erste mechanische Trikotagefabrik Norwegens, stellte von 1859 bis 1989 feines Wollgewebe her. Da es meist Unterwäsche war, bekam man die Produkte in der Öffentlichkeit kaum zu sehen. Die Fabrikhallen wurden 2001 als Museum wiedereröffnet. Bei täglichen Touren verraten Tourführer die Geheimnisse von Wollkämmerei, Spulen und Stricken, und die Maschinen mit ihren Zahnrädern aus poliertem Messing sind betriebsbereit. Jeden zweiten Sonntag gibt es Workshops für Kinder.
Salhus liegt etwa 16 km nördlich von Bergen, Norwegens zweitgrößter Stadt.

6 Hütehundprüfungen, Ontario, Kanada

Alle Rassen dürfen an den jährlichen *sheep dog trials* (Hütehundeprüfung) in Kingston, Ontario, teilnehmen, aber Border Collies sind die Favoriten bei den Disziplinen *gather* (Zusammentreiben), *drive* (Schafe durch einen Parcours leiten), *shed* (fünf Schafe von der Herde absondern) und *pen* (abgesonderte Schafe in einen Pferch treiben). Co-Stars sind 600 Dorset-Mutterschafe mit je einem Schuss Romanow und Cheviot im Blut. Außerdem Ponyritte für Kinder und Schafschur.
2015 finden die Prüfungen zum 28. Mal statt, www.kingstonsheepdogtrials.com.

7 Schafscheren, Neuseeland

Legen Sie Hand an Neuseelands Hauptwirtschaftsfaktor: Einige Farmen bei Queenstown bieten Touren an, bei denen Schafe gefüttert, gestreichelt und geschoren werden können. Klingt langweilig? Dann sehen Sie sich mal die Schafschur-Meisterschaften Golden Shears in Masterton an. Seit 1958 findet dieses dreitägige Event Ende Februar oder Anfang März statt. Bei der rasanten Geschwindigkeits-Schur fallen Ihnen die Augen aus, gezeigt wird auch, wie die Schafswolle weiterbehandelt wird. Und wenn alles zu viel wird, entspannen Sie auf der Weide mit den Vierbeinern.
Informationen: www.queenstownnz.co.nz und www.goldenshears.co.nz. Einige Wettbewerbe, darunter Geschwindigkeits-Schur und Wollskupturen sind ohne Teilnahmegebühr, für Zuschauer wie für Teilnehmer.

Eine uigurische Spezialität ist morxueke, bei dem das Schaf von Kopf bis Schwanz verwertet wird

8 Schaffellmäntel, Nepal

In den „Swinging Sixties" waren Schaffellmäntel hip für Hippies. Für die Bergbewohner Asiens sind sie auch heute noch praktische – nicht modische – Winterkleidung. Schaffell wird gegerbt, aber mit intaktem Pelz, sodass ein zusätzlicher Isoliereffekt entsteht. Nepalesische Sherpa-Männer tragen traditionell ein langärmliges Gewand, genannt *chhuba*, das in der Taille von einem Stoffgürtel, dem *kara*, zusammengehalten wird. *Chhuba* bestehen aus dicker, gesponnener Wolle, ein ähnliches Gewand aus Schaffell heißt *lokpa*. Frauen tragen traditionell langärmlige, bodenlange Kleider aus fester Wolle, genannt *tongkok*.
Fragen Sie rund um den Thamel-Markt in Kathmandu nach Schaffellen, Wollteppischen und Strickwaren.

LINDSAY BROWN © GETTY IMAGES

DIE GEBRATENEN SCHAFSTEILE BEI BANKETTEN IN XINJIANG, CHINA, SIND MIT EINER MISCHUNG U. A. AUS KREUZKÜMMEL UND GETROCKNETEN ROTEN CHILISCHOTEN GEWÜRZT

9 Schafsbankett, Xinjiang, China

In dieser vorwiegend muslimischen Region Chinas ist das Schaf König. Beim Morxueke, einem traditionellen uigurischen Festessen, bei dem das ganze Schaf von Kopf bis Schwanz verwertet wird, werden die einzelnen Teile zu verschiedenen Gerichten verarbeitet, darunter auch eine Art scharfem Presssack. Genauso lecker und vielleicht weniger „exotisch", dafür aber einfacher zu bekommen ist das Essen im Restaurant Xibo in Shanghai. Die Lämmer stammen aus lokaler Haltung, aber die Rezepte orientieren sich an der Uiguren-Küche.

Informationen zu Xinjiang und speziell zu Xibos Fairtrade-Lebensmitteln: www.xiboxinjiang.com.

10 Der woolsack, London, England

Der *woolsack* ist der Sitz des Lord Speaker im britischen Oberhaus, ein großer, quadratischer Ballen Wolle, mit rotem Stoff überzogen, ohne Lehne oder Rücken. Die Tradition geht zurück ins 14. Jh., in die Zeit Edwards III., als der Wollhandel der wichtigste Industriezweig des Landes und der *woolsack* mit teurer englischer Wolle gestopft war. Doch dann 1938, der Skandal: Die Füllung bestand aus Rosshaar! Heute ist der Sitz mit Wolle aus dem gesamten Commonwealth gestopft.

Infos zu einem Besuch im House of Lords und virtueller Rundgang auf www.parliament.uk.

● *Von Virginia Jealous*

Top-Ziele, um sich wie in der Zukunft zu fühlen

Der Film* Zurück in die Zukunft *wird 30, also lassen Sie sich inspirieren, wie die Gegenwart in einigen Jahrzehnten aussehen könnte ...

1 Tokio, Japan

Tokio wird seit Langem als Bastion des Besten und Neuesten angesehen, von Gourmetrestaurants (mehr Michelin-Sterne als London und New York zusammen) bis hin zu Toiletten (Deckel mit Absenkautomatik, beheizte Sitze). Züge brausen mit 320 km/h aus der Stadt hinaus, Getränkeautomaten wissen im Voraus, was Sie trinken (über Sensoren, basierend auf Ihrem Aussehen und dem Wetter). Aber manchmal sind auch die Japaner technisch überfordert: Pläne für die gigantische Shimizu-Pyramide, einer Wohnanlage über der Tokioter Bucht für 1 Mio. Menschen in dieser überfüllten Mega-Metropole, mussten verschoben werden. Es gibt bis heute kein Baumaterial, das stark genug wäre.

Die ultramoderne Jicoo Floating Bar (www.jicoofloatingbar.com) ist ein schickes Boot, das in der Tokioter Bucht kreuzt und dem Spielzeug eines Schurken aus einem Bond-Film gleicht.

2 McMurdo Station, Ross Island, Antarktis

So könnte man sich eine Kolonie auf einem anderen Planeten vorstellen: eine Gruppe niedriger Gebäude, überragt von riesigen, runden Brennstoffspeichern, die wiederum vor dem Hintergrund der kahlen, von Asche und Schnee bedeckten Berge winzig aussehen, welche sich hinter dieser größten antarktischen Forschungsstation erheben. Wer bewohnt dieses fremdartige Land? Raubmöwen, Pinguine und Wissenschaftler, die herausfinden wollen, wie unser Planet tickt – oder ob ihm die Zeit davonläuft. Die Forschungsstation ist so autonom, als wäre sie auf einem anderen Planeten. Es gibt Restaurants, Sportanlagen, ein Krankenhaus, ein Gotteshaus und einen Langlaufski-Verleih.

Um mehr über McMurdo zu erfahren, sehen Sie sich Werner Herzogs Begegnungen am Ende der Welt *an, einen Dokumentarfilm über das Alltagsleben.*

3 Dubai, Vereinigte Arabische Emirate

Die zeitreisenden Protagonisten von *Zurück in die Zukunft* hätten ohne Ende gestaunt über Dubais kühne neue Gebäude, die aussehen, als seien sie aus weit in der Zukunft liegenden Jahrzehnten hierher gebeamt worden: hoch aufragende konische Türme, metallene *dhaus* (arabische Segelschiffe) und eine künstliche Inselgruppe, die in Form von Palmwedeln in den Persischen Golf hinaus verläuft: Stadtarchitektur, die die Möglichkeiten der Zukunft spiegelt. Dubai ist zudem Gastland der Expo 2020, bei der Besucher in eine Art futuristischen Souk mit riesigen solarbetriebenen Sonnensegeln geleitet werden. Weitere Innovationen werden folgen!

Steigen Sie auf das höchste Gebäude der Welt, den Burj Khalifa (www.burjkhalifa.ae/en), um Dubais einzigartige Stadtlandschaft zu bewundern.

BEEN INSPIRED; BEAUTIFULL; BUYER © GETTY IMAGES

4 Ordos, Innere Mongolei, China

Ihr Name klingt nach *Star Wars:* Kangbashi, eine Retortenstadt im Stadtgebiet von Ordos, deren Apartmentblocks fast alle leer stehen, obwohl sie für tausende Bewohner geplant waren, und deren breite Straßen auch in der Rushhour wie ausgestorben wirken. Doch Chinas bekannteste Geisterstadt (es kamen einfach keine Einwohner) hat noch einen besseren Grund, die sci-fi-artigste Adresse der Welt zu sein: Vor der Stadt liegt das Ordos-Museum, eine in die Wüste geworfene, geschwungene Muschel, mit Exponaten der regionalen Kultur.
Die Kubuqi-Wüste: westl. von Ordos an der G109, dann nördl. auf der X613.

5 Toronto, Kanada

Das Dubai des Nordens? Mini-New York? Torontos Beinamen zeigen, dass der Immobilien-Boom die Skyline der Stadt ständig verändert. Es genügt eben nicht mehr, einfach nur hoch und aus Glas zu bauen, um eine Innenstadt zu prägen, zumal in einer Metropole, in der das höchste, freistehende Gebäude der westlichen Hemisphäre steht: der CN Tower. Neue Bauvorhaben müssen ungewöhnlich aussehen, wie z. B. die Absolute Towers, zwei 50 und 56 Stockwerke hohe Wohntürme, die sich um 209 Grad drehen, oder die Emerald Park Condos, die an aufrecht stehende Schokoladetafeln erinnern, deren Verpackung aufgebrochen ist. Sie lassen Toronto aussehen wie aus einem Sci-Fi-Comic.
Führende Architekten haben zu Torontos neuen Wahrzeichen beigetragen. Erfahren Sie mehr auf einer Tour mit Heritage Toronto (heritagetoronto.org/tours)..

DAS MUSEUM VON ORDOS IN DER INNEREN MONGOLEI IN CHINA WIRKT WIE EIN AUF DER ERDE GELANDETES RAUMSCHIFF

6 Hammarby Sjöstad, Stockholm, Schweden

Als Athletendorf für die gescheiterte Olympia-Bewerbung 2004 gebaut, wurde diese Öko-Stadt bei Stockholm zum Vorzeigeprojekt für nachhaltiges Wohnen. Wasser wird zur Hälfte über Solarmodule erhitzt, während in jedem Gebäude Räume für Müllrecycling vorgesehen sind. Auch die Ästhetik der Stadt am See wurde nicht vernachlässigt, mit Spazierwegen entlang von Kanälen, Parks und vielen Designerbauten. Und nirgendwo ist protziges Glas und Stahl zu sehen. *Nicht verpassen: eine U-Bahnfahrt in Stockholms Zentrum in von einheimischen Künstlern gewagt bemalten Zügen.*

7 New Songdo City, Incheon, Südkorea

Man nehme eine Prise Sydney Opernhaus, eine Portion Venedig und etwas Central Park in New York, mische gut, und was herauskommt, sei genau das, was sie planen, sagen die Leute hinter Songdo: eine Stadt mit modernster Architektur, mit Kanälen und Grünflächen. Beendet sein wird das Bauprojekt 2020, aber schon heute sind 40 % der Grünflächen, viele Wohnblocks, ein Veranstaltungszentrum aus glitzernden Prismen und ein pneumatisches Abfallsystem fertig. *Übernachten Sie in Songdos erstem Hotel, dem Sheraton Incheon Hotel (www.sheratonincheon.com).*

8 Spaceport America, Las Cruces, New Mexico, USA

Noch sind Passagierflüge ins All bei 250000 Dollar pro Kopf keine Kaffeefahrt. Besucher der 62 km² großen Einrichtung rund um die Startrampe für die Flüge von Virgin Galactic, die in einer außerirdischen Wüstenlandschaft liegt, können die ultramoderne Kuppel des Raumfahrtzentrums bestaunen, die Hangars und die riesigen Brennstofftanks, die für die Mission gefüllt werden müssen. *Offizielle Touren: Follow the Sun (ftstours.com).*

9 Abu Dhabi, VAE

Der im Bau befindliche Saadiyat Cultural District in Abu Dhabi strotzt vor Gebäuden, die von einer weit fortgeschritteneren Zivilisation hergezaubert scheinen. Geplant sind ein Guggenheim-Museum (ein gigantischer Haufen aus Würfeln und Kegeln) und das Zayed Nationalmuseum (die Stahlflügel des Gebäudes sollen an die Falknerei erinnern, ein Hobby des verstorbenen Scheichs Zayed Bin Sultan Al Nahyan). Südöstlich des Zentrums soll Masdar City – autofrei, zu 100 % durch erneuerbare Energien betrieben und aus nur einem einzigen Gebäude bestehend – entstehen. *Infos: www.saadiyatculturaldistrict.ae.*

10 Singapur

Von allen Metropolen Asiens ist Singapurs Futurismus am glanzvollsten: Bauten wie der Marina-Bay-Sands-Hotel/Casino-Komplex (drei Türme, oben durch einen einer Raumstation nicht unähnlichen Skypark verbunden, Bild auf der vorhergehenden Doppelseite) sind zu Wahrzeichen geworden. Doch die genialste Entwicklung ist eher grün als aus Glas: Die tropischen Gärten in Gardens by the Bay enthalten 18 50 m hohe „Superbäume", die über Fußwege zu zwei riesigen muschelförmigen Gewächshäusern für tausende nicht-einheimischer Pflanzen führen. *Infos: www.gardensbythebay.com.sg.*

● *Von Luke Waterson*

Die größten Licht-Blicke

2015 wurde von der UN das Jahr des Lichts ausgerufen – erleben Sie diese erhellenden Orte

1 Aurora, Abisko, Schweden

Nordlichter schimmern über die ganze Polarregion hinweg – und wenn die Sonnenaktivität besonders hoch ist, sogar bis hinunter nach Schottland. Beste Chancen haben Sie in der Aurora Sky Station in Abisko, fast 200 km nördlich des Polarkreises gelegen – und weit weg von allem. Die umliegenden Berge halten den Himmel fast immer wolkenfrei, die Lichtverschmutzung ist gleich Null, und lange Winternächte sind die perfekte schwarze Leinwand für den himmlischen Schein.

Die Aurora Sky Station (www.auroraskystation.com) liegt 100 km westlich von Kiruna. Die beste Zeit für einen Besuch ist September bis März.

Lange Winternächte sind die perfekte Leinwand für den himmlischen Schein

2 Marfa-Lichter, Texas, USA

Manche Ereignisse wirken erhellend, diese nicht: Marfa-Lichter blitzen über der Chihuahua-Wüste auf und niemand weiß, was sie bedeuten. Etwa so groß wie Basketbälle, flackern die rötlichen Lichtkugeln über Mitchell Flat, 16 km östlich von Marfa. Augenzeugen nach teilen, vereinigen und verformen sie sich auf seltsame Weise. Wissenschaftlich erwiesen ist nichts. Von einer eigens erbauten Aussichtsplattform bei Mitchell Flat aus können Sie sich selbst ein Bild machen.

Nach Marfa gelangt man auf dem Highway 90. Der nächste Flugplatz ist El Paso, 305 km westlich.

3 Laternenfest, China

In China wird das Laternenfest schon seit über 1000 Jahren gefeiert – wenn auch auf unterschiedliche Weise. Einst umfasste das Fest, das das Ende des Winters markiert, Elemente aus dem Buddhismus, Rätselspiele, Volkstanz und sogar den Heiratsmarkt (es war der einzige Abend im Jahr, an dem Mädchen ausgehen durften, um vielleicht den Richtigen zu finden). Heute ist es einfach ein Lichterfest, an dem Menschen im ganzen Land mit Laternen aller Art und Größe auf die Straße gehen – von traditionell runden, roten bis zu dramatischen Drachen. In Zigon, in der Provinz Sichuan, wird besonders schön geleuchtet, denn dort wird das Fest seit der Tang-Zeit begangen und die Herstellung von Laternen ist eine Kunst.

Das Laternenfest fällt auf den 15. Tag des ersten Mondmonats, meist Februar oder März. 2015 findet es am 5. März statt.

CHINESISCHE LATERNEN SCHWEBEN IN DEN NACHTHIMMEL

4 Mitternachtssonne, Svalbard, Norwegen

Wünschen Sie sich, Ihr Tag hätte mehr Stunden? Dann planen Sie einfach eine Sommerreise nach Spitzbergen. Die Winter der arktischen Inselgruppe sind dunkel und lang, doch der Frühling macht alles wett. In der Hauptstadt Longyearbyen dauert die Mitternachtssonne vom 15. April bis zum 26. August – also über vier Monate, an denen die Sonne nie versinkt. Genießen Sie jede Minute des Lichts: Buchen Sie eine Kreuzfahrt sobald die Seewege frei sind (meist ab Juni) und verbringen Sie die Nächte an Deck mit der Beobachtung von kalbenden Gletschern, grunzenden Walrössern und Eisbären auf der Pirsch. Wilde Nächte, in der Tat.
Es gibt keine Fährverbindung zwischen Svalbard und Norwegen; Longyearbyen wird von Oslo aus angeflogen.

5 Sterne, Namib-Rand-Naturpark, Namibia

Der riesige Namib-Rand-Naturpark ist wirklich, wirklich dunkel. Deshalb ist er der beste Platz, um das Licht zu sehen. 2012 wurde das 202 200 ha große Privatgelände, ausgezeichnet mit dem Goldstandard für Sternenlichtparks der International Dark Sky Association, in einen offenen Tierpark verwandelt – und in einen Aussichtspunkt zum All. Hier gibt es keinerlei Lichtverschmutzung, und nichts raubt dem südlichen Nachthimmel etwas von seiner Größe. Die Sossusvlei Desert Lodge hat sogar ein hochmodernes Observatorium mit einem Meade LX200R 12-Inch Teleskop, das einen noch näheren Blick auf die Glitzerwelt am Himmel erlaubt. *Die Sossusvlei Desert Lodge liegt 380 km und 4 bis 5 Std. Fahrt von Windhoek: www.namibrand.com.*

6 Leuchtkalamare, Toyama-Bucht, Japan

Es sieht aus, als ginge im Meer eine Riesenparty ab. Von März bis Mai jeden Jahres glitzern die Wellen in der Toyama-Bucht von Honshu wie eine Discokugel. Verantwortlich dafür sind die winzigen *Watasenia scintillans* – Leuchtkalamare. Sie sind nur 7 cm lang, kommen aber millionenfach im Frühjahr hierher, um zu laichen. Ihre Körper sind von Photophoren bedeckt, lichtaussendenden Zellen, die leuchtend blau aufblitzen und pulsieren. Dient das der Kommunikation, Abschreckung, Jagd? Beeindruckend ist es allemal. *Bootstouren werden von März bis Mai um ca. 3 Uhr früh veranstaltet. Informationen im Hotaruika (Leuchtkalamar) Museum in Namerikawa.*

7 Fluoreszenz, Amsterdam, Niederlande

Man muss nicht zugedröhnt sein, um im Electric Ladyland umgehauen zu werden. Es ist das erste – und sicher einzige – Museum für fluoreszierende Kunst. Die Besucher steigen hinab in eine unterirdische Galerie voll surrealer Formen und psychedelischer Wellen. In anderen Räumen kann man etwas über die Entwicklung von Fluoreszenz lernen. Eine große Sammlung ausgestellter Gesteinsbrocken sieht grau aus, bis sie bei UV-Licht hell aufleuchtet. *Adresse: Tweede Leliedwarsstraat 5, nahe beim Anne-Frank-Haus (www.electric-lady-land.com).*

Gleiten Sie durch die Waitomo Caverns und Sie fühlen sich wie im Märchen. Das 300 Mio. Jahre alte Labyrinth hat eine Sternendecke

8 Neon-Lichter, Las Vegas, USA

Die NASA behauptet, Las Vegas sei der hellste Punkt der Erde. Kein Wunder: In der Spielerstadt glühen Milliarden von Lampen, 24 000 km Neonlichter sind es auf dem Strip allein. Das Resultat ist ein gleißendes Loch in der Wüste von Nevada, vom dürftigen Blinken der Chapel-O-Love-Neonschilder bis zum Sky Beam des Luxor Hotels – dem stärksten Lichtstrahl der Welt. Vergessen Sie nicht den Neonlichter-Friedhof im Museum, wo alle Lichter ausgehen. *Geführte Tages- und Nachttouren im Neon Museum (770 Las Vegas Blvd): www.neonmuseum.org.*

9 Glühwürmchen, Waitomo, Neuseeland

Steigen Sie hinab in die Waitomo Caverns auf Neuseelands Nordinsel und begegnen Sie *Arachnocampa luminosa,* und zwar einer ganzen Menge davon. Bei Licht sehen die Glühwürmchen nicht so appetitlich aus, aber im Dunkeln funkeln sie wie Weihnachten. Gleiten Sie durch eine der Waitomo Caverns, in einem Boot oder mit einem aufblasbaren Reifen – und es ist wie im Märchen: Das 300 Mio. Jahre alte Labyrinth scheint eine Sternendecke zu haben. Dass das Leuchten eine chemische Reaktion ist, um Beute anzulocken, tut dem Zauber keinen Abbruch.
Die Waitomo Caves liegen 200 km (etwa 3 Std.) südlich von Auckland; siehe www.waitomo.com.

10 Lichterfest, Berlin, Deutschland

Beim Lichterfest leuchtet Berlin wie sonst nie. Zehn Tage lang im Oktober werden Straßen und Gebäude der Hauptstadt zu 3D-Leinwänden für glitzernde Kunstinstallationen, die von 19 Uhr bis Mitternacht an die Gebäude projiziert werden. Und die ganze Stadt wird zu einem Strudel von Farbe und Kreativität. „Lightseeing-Touren" werden per Bus, Schiff, zu Fuß und mit dem Segway angeboten, aber einfach nur anschauen ist kostenlos.
Das Fest Mitte Oktober dauert 10 Tage; das Programm finden Sie auf festival-of-lights.de.

● *Von Sarah Baxter*

BERLIN LEUCHTET – LEBENDIGES FARBENSPIEL IM OKTOBER BEIM LICHTERFEST

Wundervolle Workouts

Sport in den Ferien muss nicht langweilig sein und auch keine Verschwendung kostbarer Reisezeit. An diesen ausgewählten Orten erleben Sie weit mehr als einen Endorphinrausch

1 Grouse Grind, North Vancouver, Canada

Besucher, die sich in Vancouver sportlich betätigen wollen, wählen verständlicherweise meist den 8,8 km langen eindrucksvollen Stanley Park Seawall. Und wer kann es ihnen verübeln? Wenn Sie aber ein bisschen Bergdramatik (und -schönheit) wünschen, wählen Sie den Grouse Grind in den North Shore Mountains, ein Pfad, der auf 2,9 km Länge beacht-

EIN STEILER ANSTIEG FÜHRT DEN GROUSE GRIND IN VANCOUVER HINAUF, DOCH DIE KLETTERER WERDEN MIT EINEM UNVERGESSLICHEN PANORAMABLICK VOM GIPFEL BELOHNT

liche 853 m Höhe überwindet, u. a. mit Hilfe von 2830 Stufen. Im Schnitt benötigt man 90 Minuten für den Anstieg, doch der Rekord liegt bei 25. Wer danach kaputt ist, nimmt die Gondel zurück. Oder genießt beim Abstieg die erschöpften Gesichter der Leute, die noch nach oben hasten. *The Grind ist kostenlos, aber wenn Sie Ihre Tasche transportieren lassen möchten kaufen Sie eine Grind Timer Card für 20 C$ (13,70 Euro) bei www.grousemountain.com.*

2 Fourvière, Lyon, Frankreich

Lyon wird schon seit Jahrzehnten kulinarische Hauptstadt der Welt genannt, und das aus gutem Grund. Eine Reise hierher muss von Restaurantbesuchen gekrönt werden. Nach einem leckeren Menü unterstützt ein kleiner Lauf über die 100 Stufen vom Bahnhof Gare St. Paul hoch zur Basilika Notre Dame de Fourvière die Verdauung. Die grandiose Basilika lohnt den Besuch, aber auch der wunderbare Ausblick von dort oben über die Flüsse Rhône und Saône, die durch die Stadt mäandern. Noch nicht müde? Dann laufen Sie noch in die Gegenrichtung und klettern Sie auf den Hügel La Croix-Rousse. *Die Basilika Notre Dame de Fourvière ist von 8 bis 19 Uhr geöffnet. Informationen über geführte Touren unter www.fourviere.org.*

3 Filbert Steps, San Francisco, USA

San Franciscos Telegraph Hill hat für viele Leute unterschiedliche Bedeutung. Für die einen ist es der Standort des bekannten Coit Tower, für andere schlicht ein fantastischer Aussichtsort über die Bucht von San Francisco. Doch für alle, die Bauch-Beine-Po trainieren wollen, ist der Hügel der Ort der Filbert Steps. Diesen Workout vergessen Sie nicht so schnell: 377 schmale Holztreppen rauf und runter, die sich steil durch üppige Vegetation und an bunten Häusern vorbei winden. Vielleicht singt Ihnen auch ein wilder Papagei ein Lied. Lassen Sie Ihr Herz nicht in San Francisco – sondern stärken Sie es. *Der Beginn der Filbert Steps liegt an der Kreuzung von Filbert Street und Kearny Street.*

4 Circuit de Monaco, Monaco

Er ist der wohl berühmteste Straßenabschnitt der Welt, der 3,340 km lange Circuit de Monaco, der seit 1929 einmal im Jahr Rennwagen um die Ecken und am Place du Casino vorbeijaulen sieht. Ein heutiger Formel-Eins-Rennfahrer bekommt nur einen verwischten Eindruck des Fürstentums, doch bei einem Dauerlauf auf der Strecke (mit beliebig vielen Runden) erfassen Sie die ganze Grandezza. Wie bei denen, die in ihren F1-Rennwagen geschnallt sind, wird ihr Herz ins Rasen geraten; der Anstieg die Avenue d'Ostende hoch, nach der Umrundung von Sainte Devote, ist echt steil. Tauchen Sie danach ins Mittelmeer am Plage du Larvotto. *Sie finden das F1-Startgitter oberhalb des Schwimmbadkomplexes am Hafen auf den Boulevard Albert 1er aufgemalt. GO! GO! GO!*

Die Stufen winden sich steil durch üppige Vegetation und an farbenfrohen Häusern vorbei. Vielleicht singt Ihnen ja auch ein wilder Papagei ein Lied

5 Tafelberg, Kapstadt, Südafrika

Dank der Seilbahn ist ein Ausflug auf den Tafelberg für die meisten Besucher von Kapstadt ein Vergnügen. Doch Sie sind anders. Sie machen aus dem Anstieg einen Workout, der ihnen in Erinnerung bleibt, lang nachdem der Muskelkater abgeklungen ist. Die Patteklip-Schlucht, die die Hauptwand des Bergs teilt, ist der direkteste Anstieg. Der steile Pfad überwindet auf nur 3 km 700 m Höhe.

Die Patteklip-Gorge-Route beginnt auf der Tafelberg Rd., Sicherheitstipps und Informationen: www.sanparks.org

6 Arthur's Seat, Edinburgh, Schottland

Edinburgh ist eine der schönsten Städte Europas mit einem der schönsten Workouts des Kontinents. Gehen Sie zum Holyrood Park, wo Sie ein 8 km langer Lauf über einen grünen Vulkanspielplatz erwartet. Beim fantastischen Blick auf das Schloss von Edinburgh, das schottische Parlament und das Meer haben Sie das Gefühl, die Stadt zu umarmen. Dann sind Sie plötzlich wieder ganz allein zwischen steilen Felsen und wehenden Gräsern. Der buchstäbliche Höhepunkt ist der Gipfel von Arthur's Seat auf halbem Weg.

Beginnen Sie beim Parkplatz am Queen's Drive, 250 m vom Holyrood Palace am Ende der Royal Mile.

SPÜREN SIE, WIE DIE MUSKELN BRENNEN? ÜBER DIE FILBERT STEPS IN SAN FRANCISCO NACH OBEN

7 Central Park, New York City, USA

Sicher eine der kultigsten urbanen Laufstrecken ist die 2,5 km lange Route um das Jacqueline Kennedy Onassis Reservoir in New Yorks Central Park. Die Aschebahn fühlt sich weich unter den Füßen an, sodass Ihre Knie Sie nicht dafür hassen, wenn Sie noch ein bisschen härter (oder länger) trainieren, auch wenn Ihnen der Anblick von New Yorks Skyline den Atem raubt. Die schönste Zeit fürs Training ist bei Dämmerung, wenn die untergehende Sonne von der Stadtlandschaft reflektiert wird und die Lichter zu leuchten beginnen. *Laufen Sie um das Reservoir gegen den Uhrzeigersinn und auf der rechten Seite des Wegs. Weitere Informationen: www.centralpark.com.*

8 Copacabana, Rio de Janeiro, Brasilien

Einige Leute trainieren ihren Körper, andere zeigen ihn lieber. Beides geschieht gleichzeitig auf spektakuläre Weise an der Copacabana. Lassen sie die einzigartige Atmsophäre beim Laufen oder Rollerbladen auf der 4 km langen Promenade auf sich wirken. Pushen Sie das ganze auf 8 km, und Sie haben den Strand von Ipanema im Süden erreicht. Wenn Sie ein paar Gewichte stemmen möchten, dann bieten sich die Übungsstationen und Recks entlang der Copacabana an. Die ultimative Fitnessherausforderung? Gegen die Cariocas im Volleyball oder Fußball anzutreten. Wie weit Sie sich dabei hervortun – in puncto Spielkunst oder Körperlichkeit – bleibt Ihre Sache. *Workouts empfehlen sich am frühren Morgen vor der großen Hitze, die Nacht sollte man wegen der Sicherheit meiden.*

Die schönste Zeit fürs Training ist bei Dämmerung, wenn die untergehende Sonne von der Stadtlandschaft reflektiert wird

9 Berliner Mauerweg, Berlin, Deutschland

Wie sagte Freddie Mercury? „Get on your bike and ride!“ Trainieren Sie Geist und Muskeln auf dem 160 km langen Berliner Mauerweg, einer gut ausgeschilderten Route mit interessanten Informationen über das berüchtigte Bauwerk. Erfahren Sie mehr über die Teilung Deutschlands, den Aufbau und Fall der Mauer und über die Tragödie all jener, die bei Fluchtversuchen ihr Leben verloren. Der Weg ist in 14 Abschnitte zwischen 7 und 21 km Länge geteilt, Sie können ihre Route also selbst wählen. *Anfang und Ende jedes Abschnitts sind mit öffentlichen Verkehrsmitteln zu erreichen (meist können Fahrräder mitgenommen werden): www.berlin.de/mauer/mauerweg/index/index.de.php.*

10 Coast To Coast Walkway, Auckland, Neuseeland

Sie nennen es *walkway*. Wir sagen *runway*. Fordern Sie sich selbst heraus, auf dieser 16-km-Strecke quer durch Auckland vom Pazifik zur Tasmanischen See. Auf dem Weg passieren Sie architektonische Highlights und nicht weniger als fünf vulkanische Stätten, die zum Teil von den Maori über 600 Jahre lang geformt und terrassiert wurden. Die Route startet am Viaduct Harbour und endet in Manukau und ist Teil des 3000 km langen Te Araroa (Der lange Weg), der die Länge des ganzen Landes durchmisst. *Karten und Information zum Coast to Coast erhält man bei www.aucklandcouncil.govt.nz.*

● *Von Matt Phillips*

Beste literarische Spaziergänge

Sie können Ihrem Lieblingsautor und seinen Figuren eine besondere Ehre erweisen, wenn Sie auf literarischen Touren in seine Fußstapfen treten

1 Millennium-Tour, Stockholm, Schweden

Der Siegeszug blutiger skandinavischer Krimis wurde angeführt von Stieg Larssons Roman *Verblendung*, und dieser Spaziergang durch die malerische Hauptstadt Schwedens folgt den Spuren des Dramas. Im hippen Stadtviertel Södermalm, in dem der Journalist Mikael Blomkvist und die Hackerin Lisbeth Salander leben, geht es an fiktionalen Schauplätzen der Millennium-Trilogie vorbei: Blomqvists Wohnung, sein Café, Salanders bevorzugter Tattoo-Shop, Inspektor Bublanskis Synagoge, die Büros des *Millenium*-Magazins und Salanders Luxusapartment. Es ist ein atmosphärischer Spaziergang, der die dunklen Umrisse des sogenannten *scandi noir* mit Farbe füllt.

Tour auf Englisch: Samstag 11.30 Uhr, Tickets 130 Schwedische Kronen (14 Euro). Buchung: www.stadsmuseet.stockholm.se.

2 Literary Pub Crawl, Dublin, Irland

Diese Kombination von Stadttour und Live-Performance unterstreicht das reiche kulturelle Erbe der irischen Kapitale. Bei einem Bummel durch die Pubs, die einst von literarischen Größen wie James Joyce, Brendan Behan, Samuel Beckett und WB Yeats besucht wurden, wird man durch Lesungen, Musik und Lieder prima unterhalten. Auch andere Literaturschauplätze wie das Trinity College, in dem Oscar Wilde studierte, sind dabei, aber der Schwerpunkt liegt auf den Kneipen, wo so viel Kreativität floss – von jenen aus Joyces Romanepos *Ulysses* bis hin zu Behans altem Lokal. Erheben Sie Ihr Glas auf diese Künstler!

Findet im Sommer jeden Abend statt, Kosten 12 Euro. Buchung: www.dublinpubcrawl.com.

3 Literarische Wahrzeichen, Boston, USA

Im 19. Jh. war Boston eine Brutstätte der Literatur und brachte bedeutende Strömungen hervor: Amerikanische Romantik, Amerikanischer Realismus und Transzendentalismus. Die „Fireside Poets" wie Henry Wadsworth Longfellow glänzten hier mit gefälliger Lyrik und trafen auf andere Literaturstars wie Ralph Waldo Emerson, Henry David Thoreau, Louisa May Alcott, Henry James und Nathaniel Hawthorne. Diese Tour führt zu ihren Lieblingsstätten wie etwa dem geheimen Saturday Club. *Tour (bei jedem Wetter) 12 US$ (9 Euro), Buchung: www.bostonbyfoot.org.*

4 James Bonds Mayfair, London, Großbritannien

„Geschüttelt, nicht gerührt." James-Bond-Autor Ian Fleming erfand diese berühmte Anweisung beim Cocktail-Schlürfen in seiner Lieblingsbar im exklusiven Londoner Stadtteil Mayfair. Dieses und weitere Staatsgeheimnisse erfährt man auf einer geführten Tour mit Simon Rodway, der Flemings Leben und die Verbindungen zu dessen berühmter Romanfigur gründlich studiert hat. Vom Geburtsort des Autors über Berkeley Sq. nach St. James folgen die Teilnehmer den Spuren von 007 und besuchen auch einen Marineclub, der an Flemings Geheimdienstaktivitäten im Krieg erinnert. Zum Schluss kann man den von Bond erschaffenen Cocktail, den Vesper, bestellen. *Infos: www.silvercanetours.com. Stilvolle Unterkunft: Athenaeum (athenaeumhotel.com).*

DIE WELTKULTURERBE-STADT BATH WAR EINST DER HEIMATORT VON JANE AUSTEN

JULIAN ELLIOTT PHOTOGRAPHY © GETTY IMAGES

5 Greenwich Village Literary Pub Crawl, New York City, USA

Nicht nur die Iren verbinden Alkohol mit literarischen Leistungen. Diese Tour durch Big Apples berühmtes Greenwich Village besucht Pubs, die einst Schriftsteller inspirierten. Die Guides erzählen die Geschichten der Bars und der kreativen Koryphäen, die hier tranken, etwa der berühmte Thomas Paine (Autor von *Common Sense*), John Reed *(Zehn Tage, die die Welt erschütterten)*, Henry James *(Washington Square)* und Edith Wharton *(Zeit der Unschuld)*, aber auch weniger bekannte Autoren wie Dawn Powell *(Downtown Ladies)* und Djuna Barnes *(Nachtgewächs)*.
Samstag, 14 Uhr, Kosten 20 US$ (15 Euro). Buchung und Leseliste unter: www.literarypubcrawl.com.

Der Friedhof Père Lachaise erinnert an Größen wie Molière, Proust und Wilde

6 Autoren in Paris, Frankreich

Im frühen 20. Jh. war die französische Hauptstadt ein Magnet für amerikanische Autoren, und davon erzählt der in Paris lebende Schriftsteller David Burke in seiner Reihe geführter Touren. Zu den vier Haupttouren zählt „A Band of Outsiders" im Quartier Latin über das Leben von James Joyce, Ernest Hemingway und George Orwell sowie über die berühmten französischen Schriftsteller Honoré de Balzac und Victor Hugo. Andere Touren befassen sich mit der „Lost Generation" am Montparnasse, den Literaturcafés von Saint Germain des Prés und dem Friedhof Père Lachaise mit seinen Grabmälern von Molière, Proust und Wilde.
Informationen: writersinpariswalkingtours.blogspot.co.uk für diese und andere spezielle Touren.

7 Literarisches Shanghai, China

Die literarische Blütezeit der chinesischen Metropole war im 19. und frühen 20. Jh., einer Zeit, als koloniale Handelsherren und Einheimische aufeinandertrafen. Die Tour beginnt im Teehaus mit einer sachkundigen Einführung und geht weiter nach Hongkou im Norden der Stadt. Die Gegend steht in Verbindung mit großen chinesischen Schriftstellern wie Lu Xun, dem Vater der modernen chinesischen Literatur. Dann ab in die Nebenstraßen, in denen der romantische Dichter Xu Zhimo einst lebte und Gäste wie den indischen Autor Rabindranath Tagore und den Iren George Bernard Shaw bewirtete.
Diese Tour findet gelegentlich statt oder auf Anfrage. Zu Kosten und Buchungen schreiben Sie eine E-Mail an publicwalks@shanghai-flaneur.com.

8 Jane Austen in Bath, Großbritannien

Ein Jane-Austen-Fan in England braucht nichts dringender als eine schön geführte Tour. Nun, mein Herr oder meine Dame, hier ist sie, und dazu noch in einer entzückenden Stadt. Bath ist für seine anmutige Architektur bekannt; hier lebte die Autorin, hier ließ sie ihre Romane *Northanger Abbey* und *Überredung* spielen. Das Jane Austen Centre bietet diese Tour literarischer Highlights jedes Wochende an.
Touren um 11 Uhr an Samstagen, Sonntagen und Feiertagen, Kosten 12 £ (15 Euro). Buchung und Informationen: www.janeausten.co.uk.

BESUCHEN SIE DEN FRIEDHOF PÈRE LACHAISE IN PARIS MIT DEN GRABSTEINEN VON EINIGEN DER GRÖSSTEN SCHRIFTSTELLER DES 20. JHS.

TRISTAN DESCHAMPS © GETTY IMAGES

9 Melbourne Literary Tour, Australien

In dieser Stadt schlägt das literarische Herz Australiens, und 2008 wurde sie daher auch von der Unesco zur Stadt der Literatur ernannt. Die von Melbourne Walks organisierte Tour führt durch die literarische Geschichte seit der Kolonialzeit im Zentrum der Stadt. Teilnehmer erfahren viel über Vergangenheit und Gegenwart, etwa beim Besuch des Nicholas Building, einer sogenannten *vertical laneway* (vertikalen Gasse) von Autoren, Buchgeschäften und Verlagen. Oder sie erinnern sich an Cole's Book Arcade, einem in viktorianischer Zeit berühmten Buchgeschäft, das sich über einen ganzen Straßenblock erstreckte.
Kontakt per E-Mail: melbwalks@gmail.com.

10 Wanderung Along the Enchanted Way, Rumänien

Nach dem Fall der Berliner Mauer 1989 verbrachte der britische Autor William Blacker acht Jahre im ländlichen Rumänien. Sein Buch *Along the Enchanted Way* erzählt von Dörfern, die noch heute im Rhythmus des Mittelalters leben. Der Reiseanbieter *Wild Frontiers* bietet Zehn-Tages-Touren durch Nordrumänien auf den Spuren Blackers, einschließlich Wanderungen durch das hübsche Iza-Tal und den Rodna Nationalpark.
Die Tour kostet 2010 Euro ohne Flüge (www.wildfrontierstravel.com).

● *Von Tim Richards*

Die besten Orte für extreme Ess-Erlebnisse

Hier können Sie sich die seltsamsten Lebensmittel einverleiben

1 Rocky-Mountain-Austern Montana, USA

Meeresfrüchte in Montana? Nicht ganz. Bei den Rocky-Mountain-Austern, auch als Prärieaustern, Kalbsfritten, Cowboy-Kaviar und Schaukelfleisch bekannt, handelt es sich um gebackene Hoden von Jungochsen. Verspeist werden sie traditionell von den Ranchern im Westen, die sich nach der Kastrierungssaison einer ganzen Menge übriggebliebener *cojones* gegenübersehen. Für den ersten Biss in eine dieser „Austern" braucht man – nunja – ordentlich Eier, aber die außen knusprigen, innen cremigen Happen sind so lecker, dass man gleich noch eine will. Gut, dass sie immer paarweise kommen. Zu kosten sind sie beim jährlichen (Trink- und) Testicle Festival in Clinton, Montana.

Informationen über das Testicle Festival unter www.testyfesty.com.

2 Chapulines, Oaxaca, Mexiko

Wissenschaftler sagen, dass Insekten in der Zukunft voraussichtlich eine wichtige Proteinquelle darstellen werden. Im südmexikanischen Staat Oaxaca sind die Menschen ihrer Zeit weit voraus. Dort werden schon seit Langem Heuschrecken, genannt *chapulines*, als Bar-Snack und Taco-Füllung verspeist. Meist werden sie mit Salz und Chilipulver geröstet, sodass sie knusprig und würzig schmecken. Würde man die winzigen Beinchen und Fühler nicht sehen, könnte man sie fast für Popcorn halten. Wenn Sie uns nicht glauben, halten Sie Ausschau nach *chapulines* auf dem Mercado Juarez in Oaxaca City.

Der Mercado Juarez in Oaxaca liegt zwischen Flores Magón und der Calle 20 de Noviembre.

3 Balut, Philippinen

Die befruchteten Gänseeier, eine Filipino-Delikatesse, schmecken besser, als sie aussehen. Der Anblick des rosafarbenen Gänse-Embryos mit Ansätzen von Schnabel und Flügel könnte Ihnen nämlich den Appetit verderben. Das wäre schade, denn *balut* schmeckt köstlich, wie Rühreier mit etwas zartem Geflügelfleisch und dem angenehmen Anflug von Leber-Wildgeschmack. *Balut* wird meist in der Schale gekocht und mit Salz, Gewürzen und Essig an Straßenständen verkauft. Man köpft das Ei, trinkt die Brühe und macht sich dann an das Fleisch und Eigelb.

Auf den Straßenmärkten Manilas wird balut *von Händlern mit fahrbaren Ständen verkauft*

PHILIPPE LOPEZ © GETTY IMAGES

4 Schlangensuppe, Hongkong, China

Die traditionelle, kantonesische Spezialität aus den rapide schwindenden Arbeitervierteln Hongkongs, schmeckt wie normale scharfe, saure Suppe mit Tofu-Stücken und Pilzscheiben. Aber diese Fleischstücke? Das ist kein Hühnchen. Schlangensuppe soll das Blut wärmen und wird daher nur im Winter serviert, und nur in ein paar traditionellen Restaurants, die lebende Schlangen in einer Holzkiste im Speiseraum halten. She Wong Lam in Sheung Wan, einem immer schicker werdenden Viertel Hongkongs, ist eines der wenigen. Die Suppe kann man dort mit einem Schlangenschnaps hinunterspülen. Na dann, Prost!

She Wong Lam befindet sich in der 13 Hillier St im Viertel Sheung Wan in Hongkong.

5 Casu marzu, Sardinien, Italien

Wenn wir Nahrungsmittel sehen, die nur so vor Maden wimmeln, ist das für uns ein deutliches Zeichen, sie so schnell wie möglich zu entsorgen. Nicht so auf Sardinien: Für die lokale Käsesorte *casu marzu* nutzt man die Larven von Käsefliegen, um maximale Fermentierung zu ereichen. Das gibt dem Käse eine Schärfe, die kein Cheddar oder Blaukäse erreicht.

Die Rechtslage für casu marzu *ist derzeit aufgrund der EU-Gesundheitsvorschriften nicht klar. Fragen Sie einfach bei Käsehändlern auf Sardinien nach.*

SCHLANGENSUPPE IST EINE TRADITIONELLE DELIKATESSE IN HONGKONG

6 Knaben-Eier, Dongyang, China

Flippige Eier sind ein Grundthema der chinesischen Küche Es gibt in Asche und gebranntem Kalk konservierte „hundertjährige Eier", in Tee gekochte Eier und Enteneier in Salz und Holzkohle. Aber das abgefahrenste von allen ist das sogenannte „Knaben-Ei" von Dongyang, einer Stadt mit 800 000 Einwohnern in der Provinz Zhejiang. Diese Eier werden im Urin vorpubertärer Jungen unter 10 Jahren eingeweicht, dann gekocht und mit dem vollen Aroma ihres Ammoniakgeschmacks serviert. Man sagt dort, die Eier seien sehr gesund, würden vor Hitzschlag schützen und die Durchblutung anregen. Lecker ...
Dongyang ist mit dem Zug etwa fünf Stunden von Shanghai entfernt.

7 Lutefisk, Minnesota, USA

Norwegische Einwanderer brachten dieses Fischgericht in den Mittleren Westen der USA, wo es nun weiter verbreitet ist als in der alten Heimat. *Lutefisk* (Weißfisch) ist blass wie ein Norweger im Winter von Minnesota und wird in Lauge gebeizt, bis er fast durchsichtig ist. Der durchdringende Geruch verbirgt einen ziemlich faden Geschmack. Die gallertartige Konsistenz aber ist die eigentliche Herausforderung für alle Esser. Traditionell werden in den vielen lutherischen Kirchengemeinden Minnesotas und bei den Logen der „Söhne Norwegens" *Lutefisk*-Essen abgehalten.
Infos bei www.lutfiskloverslifeline.com.

8 Witchetty grubs, Australien

Eine handtellergroße Raupe, die gelben Schleim absondert und wie Rührei schmeckt? OK, da sind wir mal gespannt (und mehr als nur etwas angeekelt). Die Ureinwohner Australiens futtern diese saftigen Insekten seit undenklichen Zeiten, da sie eine ausgezeichnete Proteinquelle darstellen. Die Raupen leben unter der Erde und ernähren sich von Wurzeln verrottender Bäume.

ANDREW WOOD © GETTY IMAGES

Traditionell sind Frauen und Kinder dafür verantwortlich, die fetten, sich windenden Leckereien auszugraben, die meist roh gegessen werden. In den Restaurants von Sydney und Melbourne wird man *witchetty grubs* kaum finden, eher bei einer „Bush-Tucker-Tour" im Outback.

Boshack Outback, eine Farm, 90 Minuten von Perth entfernt, bietet Outback-Touren und witchetty grubs *zum Probieren (boshackoutback.com/outback-australia).*

DER GESCHMACK VON DURIAN IST ZWEIFELLOS NICHT JEDERMANNS SACHE

9 Meerschweinchen, Peru

Viele von uns erinnern sich noch gern an ihr kleines Meerschweinchen von früher. So süß und knuddelig, wie es da seine Futterpellets knabberte und im Käfig zusammengerollt schlief! Nun, in den südamerikanischen Anden, wo die niedlichen Tierchen herstammen, kommen sie auf den Tisch. In Peru *cuy* genannt, werden sie gebraten, gebacken oder gegrillt, und man bestellt entweder das vordere oder das hintere Teil, wie man bei uns Brust oder Schlegel von Hühnchen bestellt – passend, denn *cuy* schmeckt auch ein wenig wie Geflügel. Und: Der Verzehr von Meerschweinchen schont die Umwelt, da bei ihrer Aufzucht viel weniger CO_2-Ausstoß anfällt als bei Rindern.

Das Restaurant Kusikuy (Calle Suecia 339) in Cuzco heißt auf Quechua „glückliches Meerschweinchen". Kommt auf den Standpunkt an …

Die Durian-Frucht sieht aus wie eine mittelalterliche Waffe. Aber ihre wahre Macht liegt in ihrem Geruch

10 Durian, Singapur

Wenn Food-Journalisten Durian, den allseits beliebten „König der Früchte" Südostasiens, beschreiben, dann verstörend oft mit unappetitlichen Wörtern, wie „Terpentin", „Sportsocken", „Toilette" und „verwesender Leichnam". Etwa so groß wie eine Kegelkugel mit gefährlich wirkenden, grünen Stacheln, sieht Durian fast aus wie eine mittelalterliche Waffe. Doch ihre wahre Macht zeigt sich im Geruch, der so stark ist, dass er im öffentlichen Verkehrsnetz von Singapur verboten ist. Eine Durian brechen Sie auf, um dann vom seltsam süßen Geschmack des cremig-weißen Fruchtfleischs irgendwo zwischen Vanillepudding und Zwiebeln belohnt zu werden.

Viele Bewohner von Singapur halten Kong Lee Hup Kee Trading am Pasir Ris für den besten Durian-Stand der Stadt.

● *Von Emily Matchar*

Die tolerantesten Orte für gleichgeschlechtliche Paare

Immer mehr Länder gewähren gleichgeschlechtlichen Paaren gleiche Rechte. Hier eine Liste der progressivsten und tolerantesten Reiseziele für Schwule und Lesben.

1 *Kopenhagen, Dänemark*

Dänemark mag die Heimat von Lego sein und die Avantgarde der neuen *cuisine nordic,* aber wichtig ist, dass es 1998 Geschichte schrieb – als erstes Land der Welt, in dem gleichgeschlechtliche Partnerschaften anerkannt wurden. Dänemarks Herz schlägt in der entspannten Schönheit seiner kompakten, kopfsteingepflasterten

Hauptstadt Kopenhagen, wo Europas älteste Schwulenbar *Centralhjornet* seit den 1950er-Jahren geöffnet hat; ebenso wie der hippe und supercoole Stadtteil Vesterbro, in dem zufällig auch der Rotlichtbezirk liegt. Kopenhagens offenes, tolerantes Umfeld aus praktischer und doch ausgefallener Mode, einer Reihe brillanter Cocktail-Bars, ausgezeichneten, gayfreundlichen Boutique-Hotels und einem Kalender voll schwul-lesbischer Events macht diese Stadt zur homosexuellenfreundlichsten Europas.

Mit 105,6 m, ist der Rathausturm eines der höchsten Gebäude in Kopenhagen und bietet einen herrlichen Ausblick. 2014 wurde der benachbarte Platz in „Regenbogenplatz" umbenannt, als Anerkennung des Kampfes um Gleichberechtigung.

2 Neuseeland

Das Land der Langen Weißen Wolke wird schon seit Langem gelobt für sein integratives und progressives Verhalten gegenüber der LGBTQ-Gemeinde. Neuseeland war 1998 das erste Land, das in Sachen Einkaufen und Unterkunft mit dem Label „Gay/Lesbian Friendly" warb – eine heute weltweit anerkannte Initiative. Das Land bietet ein hervorragendes Netzwerk schwulenfreundlicher Unterkünfte, und zwar vom subtropischen Norden bis hinunter in den gletscherüberzogenen Süden. 2013 verabschiedete Neuseeland das Gesetz zur gleichgeschlechtlichen Ehe und bemüht sich aktiv um schwul-lesbischen Hochzeitstourismus, im Gegensatz zu Australien und anderen Pazifik-Ländern, die weniger progressiv sind.

Die *Gay Ski Week, Teil der Winter Pride, ist ein alljährliches Highlight und findet im malerischen Queenstown Ende Juli oder Anfang August statt (www.gayskiweekqt.com).*

3 Toronto, Kanada

Für LGBTQ-Reisende ist Toronto in Nordamerika ein leuchtendes Vorbild, und Kanada ist das bei Weitem progressivste Land auf dem amerikanischen Kontinent für die Homo-Community. The Village im Stadtteil Church-Wellesley ist das kulturelle Schwulenzentrum der Stadt, mit Galerien, Theatern und gay-freundlichen Geschäften. Dort finden Events wie die Pride Week Celebrations, der Pride March und Dyke March statt, und die Subkultur in The Village floriert seit Jahren – das weltweit erste Schwulensportzentrum soll an der 519 Church St. eröffnet werden.

Sich als Skelett oder als Hexe zu verkleiden ist beim Besuch der fantastischen Halloween Block Party im Village nicht mehr in, eher Gwyneth Paltrows rosa Oscar-Kleid oder Lady Gagas Hummer-Hut (siehe www.churchwellesleyvillage.ca).

4 Palm Springs, USA

Etwa 100 Meilen südöstlich von Los Angeles liegt Palm Springs, eine Stadt, in der die Sonne fast das ganze Jahr über scheint und die offen ist für alles, was queer ist. Palm Springs bietet LGBTQ-Reisenden fantastisch vielseitige Outdoor-Aktivitäten, exzellente Läden und Restaurants und die schönsten Pool-Lounges weltweit. Die Stadt hat dazu noch das breiteste Angebot an rein männlichen oder rein weiblichen Unterkünften der Welt (in vielen davon ist Kleidung optional). Mädels, Jungs, macht das Beste aus der Sonne und vergesst nicht den Sonnenschutz.

Berlin rühmt sich seiner Geschichte des lebendigen, offenen Umgangs mit der Homosexualiät, die schon bis in die Goldenen Zwanzigerjahre zurückreicht

Für die Jungs: Eins der ältesten Gay Resorts in Palm Springs ist das '50s-Style Escape Resort (www.escapepalmsprings.com). Für die Mädels: Probiert die vom Kolonialstil inspirierte Casita Laquita (www.casitaslaquita.com).

5 Sitges, Spanien

Sitges ist eine Küstenstadt etwa 35 km südwestlich von Barcelona. Dort eröffnete schon in den 1980ern die allererste Gay-Disco Spaniens. Heute rühmt sich die Stadt am Mittelmeer eine der „Big Four"-Reiseziele in Europa für Homos zu sein. Die sandigen Strände, an denen Kleidung oft optional ist, sind hauptsächlich bei den Jungs beliebt, doch das vielseitige Event-Angebot bietet etwas für die gesamte Community.

Zu Europas „Big Four" gehören zudem Mykonos, Gran Canaria und Ibiza, alles Stationen der bei vielen gleichgeschlechtlichen Paaren beliebten exklusiven Mittelmeerkreuzfahrten. Informationen unter www.gaywelcome.com.

6 Berlin, Deutschland

Jeder nur denkbare Fetisch ist in Berlin erhältlich. Hier zeigt sich Deutschlands wilde Seite, denn Berlin ist stolz auf seine lebendige, offene Schwulengeschichte, die bis in die Goldenen Zwanzigerjahre zurückreicht. Die Stadtteile Schöneberg (Gastgeber für die Gay Pride), Kreuzberg und Prenzlauer Berg bieten viele Clubs, Bars und Restaurants zur Auswahl. Und da es keine Polizeistunde in Berlin gibt, hört die Party nie auf!

Für die Abenteuerlustigen unter Ihnen empfiehlt sich die Easter Fetish Week, für Leder-Fans das Folsom Europe (folsomeurope.info).

7 Skiathos & Mykonos, Griechenland

Seit Jackie Onassis in den 1970er-Jahren nach Mykonos kam, zieht die Insel mit den weißen Häusern und blumenbepflanzten Innenhöfen schwule Männer an, die den Glanz der Schönen und der Mittelmeersonne suchen. Für einen weniger hedonistischen Urlaub bieten sich die Sandstrände, das klare Wasser und die pinienbestandenen Hügel von Skiathos an, das dem LGBTQ-Reisenden authentische Urlaubserfahrungen bietet.

Das Elysium Hotel, ein Boutique-Hotel nur für Gays, ist die perfekte Spielwiese für Hedonisten auf Mykonos (www.elysiumhotel.com).

8 New York City, USA

Die Stonewall Riots im Greenwich Village der späten 1960er-Jahren markieren die Geburt der Gay-Rights-Bewegung. Die unglaublich offenen Communitys des West-Village, von Chelsea und Hell's Kitchen, bieten eine breite Vielzahl gay-freundlicher Unterkünfte. LGBTQ-Wahrzeichen wie Christopher Street, die Harvey-Milk-Schule, die Lesbian Herstory Archives und – aber hallo! – der Broadway und der Theaterbezirk machen New York zum Mekka für schwul-lesbische Reisende.
Wenn Sie sich im Big Apple das Ja-Wort geben wollen: www.cityclerk.nyc.gov/html/marriage/same_sex_couples.shtml.

9 Reykjavik, Island

Die nördlichste Hauptstadt der Welt soll auch eine der freundlichsten und freizügigsten sein. 2015 findet in Reykjavik bereits die 17. Gay-Pride-Parade statt (eine der ältesten Europas), und das 11. Bears-on-Ice-Event. Island hat außerdem einige der progressivsten Gesetze der Welt. 2006 erhielten gleichgeschlechtliche Paare gleiche Rechte wie konventionelle Paare, ohne jede Einschränkung. Wandern Sie hinter Wasserfällen vorbei, steigen Sie in schlafende Vulkane oder relaxen Sie einen Tag in einer der geothermischen Lagunen der Insel – sie ist ein Paradies für Abenteurer.
Um am Bears-on-Ice-Event teilnehmen zu können, muss man sich registrieren: www.bearsonice.org.

10 Montevideo, Uruguay

Dieser Eintrag in der Liste ist recht umstritten, angesichts der konservativen Haltung vieler Länder Süd- und Mittelamerikas. Aber Uruguay, die kleinste südamerikanische Nation, ist die progressivste und hat 2013 als erstes lateinamerikanisches Land gleichgeschlechtliche Ehen legalisiert. Homosexualität ist schon seit 1934 keine Straftat mehr. Die entspannte Einstellung, die sich in der Hauptstadt Montevideo manifestiert, ist ein schönes Gegenstück zur geschäftigen Hektik von Städten wie Buenos Aires.
Obwohl das Land sehr fortschrittlich ist beim Schutz der Rechte der LGBTQ-Community, sollte man nicht zu freizügig auftreten. • *Von Chris Zeiher*

EIN FESTIVAL-BESUCHER IM ISLÄNDISCHEN REYKJAVIK TRÄGT STOLZ DIE REGENBOGENFARBEN

Beste Plätze, um die Angel auszuwerfen

Ob im Kampf mit Piranhas oder einem Schwarzen Marlin oder Krabbenfischen auf dem Pferd: Angeln macht Spaß, bringt neue Freunde – und sorgt für lecker Essen

1 Lachs, Umba-Fluss, Halbinsel Kola, Russland

Nordlichter, Rentierherden, Schnee: Russlands Halbinsel Kola ist ein unvergleichliches Winterparadies. Doch im Frühjahr verwandelt sich das arktische Eden in ein ganz anderes Eldorado, in einen Lachs-Himmel. Jedes Jahr kommen ab Mai Angler von überall her an den 123 km langen Fluss Umba, um einige der feinsten und fettesten Atlantik-Lachse der Welt zu fangen. Fünfmal im Jahr sollen die Lachse den Umba hinaufschwimmen, was einen endlosen Zug an Fischen bedeutet. Aber leicht wird's nicht: Der Umba liegt isoliert, das Waten ist anstrengend und Angler müssen mit den größten Fischliebhabern von allen teilen: den Bären.

Lachssaison Mai bis Ende Oktober, nur Fangen und Freilassen. Infos: www.murman.ru/guide/tourism/fishing-eng.shtml.

2 Schwarzer Marlin, Cairns, Australien

Am Great Barrier Reef in Australien kann jeder mit Schnorchel und Tauchermaske Nemo finden, doch um den legendären Schwarzen Marlin zu fangen, braucht es Muckis. Er wiegt bis zu 750 kg und schafft Geschwindigkeiten an die 130 km/h, sodass selbst erfahrene Angler (und ihre Handgelenke nach mehrstündigen Kämpfen) ins Zittern kommen. Die 250 km lange Strecke von Cairns nach Lizard Island ist der beste Ort weltweit, um einen Schwarzen Marlin zu fangen, schließlich werden hier mehr gefangen als an allen anderen Orten der Welt zusammen.

Die Marlin-Saison in Cairns dauert von Anfang September bis Ende Dezember. Auf der Website des Cairns Bluewater Game Fishing Club finden Sie Informationen: cairnsbluewatergfc.com.au.

ANDREW GEIGER © GETTY IMAGES

3 *Catfish, Südstaaten, USA*

Hungrig? *Noodling*, auch *catdaddling, gurgling* und *hillbilly handfishing* genannt, besteht aus der nicht gerade eleganten Art, die Hand in ein Unterwasserloch zu stecken, darauf zu warten, dass sich ein Flachkopfwels festbeißt und den zappelnden Brocken dann an die Oberfläche zu zerren. *Noodling* hat seine Nachteile (Welse haben eine Menge Zähne, und man weiß nie, was wirklich in dem Loch steckt), aber der Sport ist nicht nur gut für einen masochistischen Kick: Indianer waren sehr geschickt im Handfischen, und in den Südstaaten ist *noodling* eine geschätzte Tradition, die von einer Generation zur anderen weitergegeben wird. Alleine darf man das *noodling* nicht betreiben, aber im Internet finden sich immer Interessierte.

Noodling ist legal in Alabama, Arkansas, Georgia, Illinois, Kansas, Kentucky, Mississippi, North Carolina, Oklahoma, South Carolina, Tennessee, Texas und Wisconsin. Die Saison geht von Mai bis August.

4 *Taimen, Eg-Uur-Fluss, Mongolei*

Die Mongolei ruft normalerweise Assoziationen wie Yaks, Nomaden und vielleicht noch gesalzenen Tee hervor. Doch diese gottverlassene Gegend in Zentralasien – eher bekannt für Steppen als für Ströme – bietet einen der letzten Zufluchtsorte für die größte Forellenart der Welt, den Taimen. Das wilde Untier (vor Ort auch als „Flusswolf" bekannt) kann bis zu 2 m lang werden und 90 kg auf die Waage bringen. So einen Kaventsmann zu angeln ist nichts für schwache Herzen und Arme. Die Fische werden bis zu 50 Jahre alt, sodass man sich sein ganzes Leben lang auf den großen Fang vorbereiten kann.

Taimen müssen nach dem Fang freigelassen werden. Angelsaison in der Mongolei ist von Juni bis November.

Top Reise-Listen

EINE VIETNAMESISCHE FRAU VERKAUFT VON IHREM BOOT IN DER HALONG-BUCHT FRISCHE UND GETROCKNETE MEERESFRÜCHTE

5 Piranha, Amazonasbecken, Brasilien

Das kann jedem passieren: Man guckt sich genüsslich einen Horrorfilm mit Piranhas an – und zack! Schon hat man eine Wasserphobie. Schwimmen geht nun eine Weile nicht mehr, aber warum sich nicht an den gefräßigen Biestern rächen, die einen zum Neurotiker gemacht haben? In Manaus, der Provinzhauptstadt des brasilianischen Staats Amazonia, werden Piranha-Angeltouren (Bild auf der vorhergehenden Doppelseite) angeboten (manchmal mit Verzehr!). Die Dinger zu fangen ist leicht – ein Stück Fleisch lockt sie dutzendweise an – aber: Achtung Finger! Ihre Zähne durchbeißen selbst Stahlhaken. Seien Sie also vorsichtig, damit hier nur einer davonkommt, nämlich Sie.
Von Juli bis Oktober ist Trockenzeit im Amazonas, dann sind die Fische hungrig und aggressiv. Touren werden organisiert vom Ariau Amazon Towers Hotel in Manaus (www.ariautowers.com).

6 Krabben, Oostduinkerke, Belgien

In Oostduinkerke, an der Südwestküste des Landes, gehen Krabbenfischer nicht mit Booten aufs Meer, sondern ernten die *fruits de mer* der Nordsee mit kräftigen Hengsten. Seit 500 Jahren galoppieren die *paardenvissers*, wie sie auf Flämisch heißen, auf dem Rücken ihrer Pferde in die eiskalte Brandung, und ziehen Netze und ein Holzgestell hinter sich her, um die Krabben aufzuschrecken. Die Unesco hat diese Praxis vor Kurzem als „immaterielles Kulturerbe" anerkannt. Fischen auf Pferderücken sollte man den Experten überlassen, aber Zugucken ist gerne gesehen. Mit Glück darf man sogar auf dem Holzgestell mitfahren.
Krabbenfangzeiten sind Februar–Mai und September–November. Infos beim Besucherzentrum von Oostduinkerke: www.visitor.koksijde.bT.

7 Goliath-Tigerfisch, Kongobecken

Bungee-Jumping zu langweilig? Drachenfliegen zu bieder? Auf in den Kongo für einen Adrenalinschub, der es in sich hat: die Jagd auf den Goliath-Tigerfisch. Der Riesenfisch mit seinen gefährlichen Zähnen und dem grimmigem Naturell ist ein ernstzunehmender Gegner. Afrikas Gegenstück zur Piranha ist aggressiv, greift auch Menschen an und zerfetzt Vögel im Flug. Der *mbenga*, wie er dort genannt wird, kann 1,5 m lang werden, über 70 kg schwer und ist nicht leicht zu fangen. Gefährliche, stundenlange Kämpfe haben ihn zu einer der größten Herausforderungen der Sportfischerei gemacht.

Zur eigenen Sicherheit muss man sich einer organisierten Tour anschließen. Die beste Fangzeit ist in der Trockenzeit von Juni bis Oktober.

8 Eisangeln, Brainerd, USA

Bohren Sie gern Löcher ins Eis, um dann stundenlang hineinzustarren? Dann ist diese Stadt im tiefsten Minnesota Ihr Traumziel. Die jährliche Brainerd Jaycees Ice Fishing Extravaganza ist weltweit das größte Event dieser Art und zieht über 12 000 Eisangler an, die scharf auf die Preise im Wert von 150 000 US$ sind. Die Organisatoren bohren 20 000 Löcher in den zum Glück fest gefrorenen Gull Lake, aus dem dann mit Ködern Zander und verschiedene Barscharten gezogen werden.

Infos zur Ice Fishing Extravaganza im Januar: www.icefishing.org.

Der aggressive Goliath-Tigerfisch, greift Menschen an und zerfetzt Vögel im Flug

9 Tintenfisch, Halong-Bucht, Vietnam

Nach einer Nacht in der Halong-Bucht sieht man einen Teller Kalamari ganz anders. Dutzende Dschunken gleiten an mondlosen Abenden über das jadegrüne Wasser und fischen die schlüpfrigen kleinen Cephalopoden heraus, die dann in der regionalen Spezialität Tintenfischwurst verarbeitet werden. Ausgestattet mit einem Bambusstab, einem Fangnetz und einer Lampe, deren Licht die Tiere an die Oberfläche bringt, kann jeder in wenigen Stunden an die 30 und mehr Tiere fangen. Die stille Bucht und der Widerschein der Lampen auf dem Wasser schaffen eine träumerische, romantische Atmosphäre.

Saison ist von April bis Januar, die größten Tintenfische werden im Oktober und November gefangen.

10 Braune Forelle, Rio Grande, Feuerland

Tierra del Fuego heißt Feuerland, und Fliegenfischer finden, der Name passt, denn wenn es um Forellen geht, dann ist dies ein *heißer* Tipp. Die Inselgruppe bietet die besten Möglichkeiten, Meeresforellen zu angeln. Das Durchschnittsgewicht der regionalen braunen Forelle beträgt 4 kg (jeder 50. Fang soll über 11 kg wiegen), und der Rio Grande soll an die 70 000 davon enthalten. Tierra del Fuego mag am Ende der Welt liegen, doch wenn man eine gigantische Forellenstatue sieht, weiß man, dass man angekommen ist.

Trotz der Fülle an Forellen bestehen strikte Fangbeschränkungen in Feuerland: Die Fische müssen nach dem Fang freigelassen werden, und die Fangsaison dauert von Dezember bis Mitte April.

● *Von Tamara Sheward*

Reisen zu den Wundern der Bildschirmwelt

Wenn Sie nicht zur Fernsehsucht neigen, dann blättern Sie weiter (oder lesen Sie die Liste auf S. 176). Falls doch, dann machen Sie sich darauf gefasst, dass Fiktion wahr wird

1 True Detective – *Vermillion Parish, South Louisiana, USA*

Tauchen Sie ein in das hypnotisierende Muster des von Flussläufen durchzogenen Flachlands, der trostlosen Straßen industriellen Verfalls und in eine dunkle Geschichte: *True Detective* fegte 2014 über die TV-Landschaft wie eine Springflut. Jenseits der dargestellten Gräuel liegt eine fast unbekannte Welt: Ökotourismus, Festivals, Cajun-Küche – alles ins seltsame Licht des Südens getaucht. Entdecken Sie den Rust Cohle in sich und besuchen Sie Palmetto Island State Park. Eine Kanufahrt durch die Lagunen rührt am existenziellen Wahnsinn …
Mehr Informationen auf palmettoisland.wordpress.com über Hütten und Aktivitäten im tiefen Süden der USA.

2 Game of Thrones – *Nordirland, Island & Marokko*

Die Serie dominiert die TV-Landschaft seit einigen Jahren, warum sie also nicht auf Ihren Reisefahrplan setzen? Nordirland ist ihre Heimat, schon allein dort gibt es vieles, was eine fantastische Traumreise beflügelt – zum Beispiel den Tollymore State Forest, in dem eine Reihe von Außenszenen gedreht wurden. Der isländische See Mývatn liefert die eisige Kulisse für die Männer der Nachtwache, während die Stadt Ouarzazate am Rande der südmarokkanischen Wüste die Drachen zum leben erweckt, wenn Sie auf den Spuren von Khaleesis Treck mit den Dothraki reisen.
Tipps zu Fahrtrouten bei www.causewaycoastandglens.com/Game-of-Thrones-Itinerary.T1163.aspx.

DAVID GN PHOTOGRAPHY © GETTY IMAGES

3 Girls – *New York City, USA*

Hipster-Alarm! War doch klar, oder? Lena Dunhams selbstreflexive, bissige Bemerkungen zum Erwachsenwerden im frühen 21. Jh. bringen New York wieder zurück auf den Plan (es war ja eigentlich nie weg, oder?). Von Greenpoints Café Grumpy, wo Ray so etwas wie Normalität bietet, bis zu den Lagerhallen von Bushwick für die Party-Szenen: Brooklyn, Williamsburg und Umgebung spiegeln das Feeling der Serie. Also: Tattoos zeigen, ein Outfit aus Second-Hand-Fummeln kreieren, nichts wie raus auf die Straße – und nie mehr zurückblicken.

Für alles was Sie auf dem Girls*-Trail brauchen: www.bushwickdaily.com.*

Tattoos zeigen, ein Outfit aus Second-Hand-Fummeln kreieren und dann nichts wie raus auf die Straße

4 Braquo – *Paris, Frankreich*

Nichts für schwache Nerven: *Braquo* ist eine rasante Verfolgungsjagd durch düstere Straßen in Paris, in denen Kriminalität und Gewalt völlig unerwartet auftreten. Von wegen Stadt des Lichts! Gehen Sie mal in die westlichen Vorstädte von Hauts-de-Seine und sehen sie sich die Gegend an – weitab vom Tourismus. Aber es muss nachts sein, damit die richtige Stimmung aufkommt. Die Gegend ist wohlhabend, was nicht nur der schön angelegte Parc de St. Cloud beweist, mit seinen 450 ha Gärten und Wäldern und schönen Ausblicken auf Paris.

La Défense ist das kalte Geschäftsviertel-Herz von Hauts-de-Seine, mit Hotels, Restaurants und dem tollen Openair-Museum Parvis de la Défense.

DIE STADT PORTLAND ERFÜLLT DIE ERWARTUNGEN, DIE IN DER MEHR ALS COOLEN SERIE *PORTLANDIA* GEWECKT WERDEN

5 The Killing – *Kopenhagen, Dänemark*

Besuchen Sie zunächste den Pinseskoven auf Amager nahe Kopenhagen, wo der Tatort des brutalen Mordes liegt, der diese eiskalte dänische Krimiserie anschiebt. Zurück in der Stadt, muss man die bezaubernden Straßen, berühmten Restaurants und netten Leute links liegen lassen, um weiterhin im Düstern schwelgen zu können. Machen Sie einen Literaturspaziergang mit Peter und Ping, um die Stadt durch die Brille von *The Killing* zu sehen.

Peter und Ping bieten weitere TV-Touren an: www.peter-og-ping.dk/default_uk.asp.

6 Deadwood – *Deadwood, USA*

Es ist schon eine Weile her, seit die Serie lief, doch das Fluchen und Kämpfen ist immer noch frisch im Gedächtnis. Wer die gleichnamige Stadt in South Dakota besucht, braucht unbedingt erstmal einen Whisky, bevor er „****kerl" rausgebracht hat. Die Serie zeigt die Anfänge der Zivilisation in einer Goldgräberstadt in den Black Hills und fokussiert auf Amerikas gewalttätige, furchtlose Geschichte. Hier können Sie alles nach(er)leben: Eine Tafel an der 622 Main St. weist auf die Stelle hin, an der Wild Bill Hickock erschossen wurde, und bei einem Ausflug zum Friedhof Mount Moriah stößt man neben dem seinen auch auf andere bekannte Namen.

Einblicke ins Pionierleben gibt's im Black Hill Mining Museum: www.blackhillsminingmuseum.com.

7 Downton Abbey – *Oxfordshire, Großbritannien*

Ein Epos, das nicht jedermanns Sache ist, aber es ist schwer, sich den Machenschaften von Oben und Unten in diesem Herrenhaus zu entziehen. Highclere Castle (alias Downton Abbey) mit den umliegenden Gärten und Wäldern kann ausgiebig besichtigt werden. Dann weiter ins Film-Downton Bampton: Die hübsche Ortschaft ist wie eine Reise in die Vergangenheit. Im Frühjahr gibt es dort sogar noch den Morris-Tanz zu sehen. Unvergesslich.

Infos: www.traditionalbamptonmorris.org.uk.

JOHN LUND © GETTY IMAGES

8 Breaking Bad – *Albuquerque, USA*

Mit Walt und Jesse ist es ja nun vorbei, doch die comic-artige Intensität der Serie hallt noch immer in Köpfen und Herzen der Fans nach. Das ganze Verwirrspiel um Meth-Produktion und -Vertrieb mit nie enden wollender Gewalt findet in und um Albuquerque, New Mexico, statt. Tiefblauer Himmel, endlose Wüsten und leere Vorstadtstraßen – die Stille der Drehorte stand im Gegensatz zur ganzen Action. Versetzen Sie sich in Szenen in Gus Frings Pollos Hermanos (in Wirklichkeit das Burger- und Burrito-Restaurant Twisters) oder besuchen Sie The Grove für einen Soja-Kamillentee. Aber Vorsicht mit dem Stevia ...

Infos: www.lonelyplanet.com/usa/travel-tips-and-articles/a-do-it-yourself-breaking-bad-tour-of-albuquerque.

9 Sherlock – *London, Großbritannien*

Vor der Fernsehserie gab es natürlich das Buch, und London hat eine reiche Auswahl an Sherlock-Schauplätzen für alle, die sich immer noch nicht ganz sicher sind, ob er nun wirklich gelebt hat oder nicht. In der TV-Serie kommt es irgendwie klarer heraus, dass es sich um eine Kunstfigur handelt, und doch scheint London selbst ihm eine Existenz zu geben. Fangen wir also in 187 North Gower St. an, das im Film als 221B Baker St. dient (wo sich heute das Sherlock-Holmes-Museum befindet). Richtig stilecht wird es im St. Bart Hospital, wo sich Sherlock und Watson zum ersten Mal treffen.

2-Std.-Touren: www.britmovietours.com/bookings/sherlock-holmes-london-tour.

Ein Epos, das nicht jedermanns Sache ist, aber es ist schwer, sich den Machenschaften von Oben und Unten in diesem Herrenhaus zu enziehen

10 Portlandia – *Portland, USA*

Was tun, wenn ein Ort so cool wird, so wunderbar attraktiv, beliebt und begehrenswert, dass man ihn nur persiflieren kann und eine Kult-Serie daraus wird? Nun, gehen Sie trotzdem nach Portland (Bild auf der vorhergehenden Doppelseite). Dort werden Sie die Schauplätze erkennen, an denen Fred und Carrie ihre brillante Satire auf die Hipster-Mittelklasse der Stadt abspulen. Lassen Sie sich aber nicht davon abbringen, den Fahrrad- und Wanderwegen zu folgen, die leckere Küche mit frischen Zutaten aus der Region zu probieren und die Biere der Privatbrauereien zu verkosten.

www.travelportland.com/collection/portlandia zeigt einen Überblick der Drehorte.

● *Von Ben Handicott*

Das stille Örtchen: Die schönsten Toiletten der Welt

Sind Sie neugierig auf verborgene Sehenswürdigkeiten? Genießen Sie die vielfältigen Vorzüge berühmter Toiletten

1 Park Hyatt Tokyo, Japan

Von singenden Toiletten bis zur beheizten Klobrillen – Japan ist Nummer eins in der Bequemlichkeit stiller Örtchen. Wo nun beginnen in einem Land, das Toilettentechnologie so weit entwickelt hat, dass westliche Toiletten dagegen archaisch wirken? Am besten bleibt man bei den Klassikern, Tokios Luxusenklave, das Hotelhochhaus Park Hyatt Tokyo, bekannt durch Sofia Coppolas Film *Lost in Translation*. Tiffany-blaue Flure führen hier zu ausladenden Suiten mit allem Prunk. Die vielen Knöpfe und Schalter der Robotertoiletten steuern einfach alles – von der Sitztemperatur bis zum Strahl des Bidets.

Das Park Hyatt Tokyo neben dem quirligen Shinjuku-Bahnhof hat zwei edle Restaurants: Genießen Sie kaiseki *im Kozue und Steaks im New York Grill.*

2 The Attendant, London, Großbritannien

Thomas Crapper fand seine Bestimmung, als er im 19. Jh. in London Klempner wurde. Anders als oft erzählt, war er nicht der Erfinder des heutigen Spülklos, aber er verbesserte es und machte es weithin bekannt. (Im Gegensatz zur verbreiteten Ansicht ist das englische Wort „crap“ auch nicht aus seinem Namen abgeleitet, sondern hat Wurzeln im Mittelenglischen.) Nostalgikern bietet The Attendant den ganzen Charme der Zeit Thomas Crappers: eine viktorianische öffentliche Toilette, die witzig umfunktioniert wurde in eines der angesagtesten Cafés der Stadt. Kommen Sie zum High Tea – so lange waren Sie bestimmt noch nie auf der Toilette.

Geöffnet Mo–Fr 8–18 Uhr und Sa 10–17 Uhr; www.the-attendant.com.

3 Internationale Raumstation, Weltraum

Die teuerste Toilette der Welt ist im wahrsten Sinne des Wortes außerirdisch. Sie gehört der NASA und ist mit 19 Mio. US$ Entwicklungs- und Baukosten das kostspieligste Klo unter der Sonne. Sich bei Schwerelosigkeit erleichtern zu können erfordert ein geniales Design, das durch ein komplexes System von Luftpumpen, Düsen und Hebeln dafür sorgt, dass der Astronaut sicher sitzen und seine Hinterlassenschaft in der Schüssel bleibt. Erstaunlich: Die Space-Toilette verwandelt deren Flüssiganteil größtenteils in Trinkwasser!

Leider braucht man jahrelanges Astronautentraining, um das zu erleben, aber sehen Sie sich den Film Gravity *an, dann bleiben Sie lieber auf der Erde.*

JOCHEN TACK © GETTY IMAGES

4 Yangrenjie, Chongqing, China

Die öffentlichen Toiletten im Themenpark Yangrenjie („Ausländerstraße") in Chongqing gleichen einem kolossalen Schrein für Körperfunktionen. Es ist die größte Einrichtung dieser Art weltweit und umfasst 1000 Klosetts. Das Gesicht eines Pharaos krönt die Porzellanpyramide (warum, weiß niemand), und im Innern erstreckt sich ein 3200-m^2-Labyrinth von Latrinen in vielerlei seltsamen Formen. Spaßvögel lieben Toilettenschüsseln in Form von menschlichen Beinen oder von Tiermäulern.

Der Park liegt im Nan'an-Viertel von Chongqing; Eintritt frei.

5 Empire Hotel, Jerudong, Brunei

Stellen Sie sich ein mega-tonnenschweres Stück italienischen Marmors vor, das in Gold getaucht und dann in den Regenwald geworfen wurde – schon haben Sie ein Bild des Empire Hotels, Lieblingsprojekt von Bruneis freigiebigem Prinzen Jefri. Mit einem Baubudget von an die 2 Milliarden US$ bleibt hier kein Traum unerfüllt. Es gibt vergoldete Armaturen, Marmorböden und eine Emperor Suite mit dem opulentesten privaten Hallenbad der Welt. Die Preise sind vergleichsweise niedrig, da das Hotel anscheinend einigermaßen ausgebucht sein muss, damit genügend Leute die Toiletten spülen und das Abwassersystem am Laufen halten.

Das Hotel liegt außerhalb der Hauptstadt Bandar Seri Begawan. Weitere Informationen: www.theempirehotel.com.

DAS UNTERWASSER-BADEZIMMER IM HOTEL ATLANTIS, THE PALM, IN DUBAI

6 Centre Pompidou, Paris, Frankreich

Stellen Sie ein Urinal auf den Kopf, signieren Sie es mit falschem Namen und voilà – eines der teuersten Kunstwerke der Welt. Das Fontäne genannte Werk wurde im Dadaismus der 1910er-Jahre von Marcel Duchamp in New York konzipiert. Er war Pionier der Gegenkunstbewegung und schuf eine Reihe von Ready-made-Werken aus bestehenden Gegenständen wie einem Flaschengestell oder einer Schneeschaufel. Etwa zehn Nachbildungen werden weltweit in Kunstmuseen ausgestellt, auch im Centre Pompidou in Paris. Es ist bestimmt das meistfotografierte Urinal der Welt.

Das Museum ist Mi–Mo von 11–21 Uhr geöffnet; Eintritt 13 €.

7 Das Oberoi Amarvilas, Agra, Indien

Stellen Sie sich vor, Sie könnten eines der Sieben Weltwunder von Ihrer Toilette aus sehen. Das Oberoi Amarvilas in Agra versetzt die Sinne seiner Gäste zurück in die Zeit der Eroberungen und Exzesse. Der luxuriöse Lebensstil der Mogul-Elite mit verschwenderischen Gärten, Festen, Harems, weitläufigen Palästen und demonstrativer Zurschaustellung von Reichtum ist vielfach dokumentiert. Es passt daher, wenn dieses Luxushotel alles dafür tut, die ideale Aussicht auf das Taj Mahal vom Badezimmer der Kohinoor-Suite aus zu ermöglichen. Ein wahrhaft königlicher Thron.

Agra ist vier Fahrstunden von Delhi entfernt; beste Reisezeit sind die kühleren Monate Dezember bis März. Informationen: www.oberoihotels.com.

Von singenden Toiletten bis zur beheizten Klobrillen – Japan ist die Nummer eins in der Bequemlichkeit stiller Örtchen

8 Ephesus, Selçuk, Türkei

Die kunstvollen Ruinen von Ephesus erlauben einen Blick auf die einst am dichtesten besiedelte Stadt des Römerreichs. Ephesus ist die am besten erhaltene Stadt der Antike im östlichen Mittelmeer, wenn nicht gar ganz Europas. Mit 250 000 Einwohnern war sie einst die Kapitale der Provinz Asia. Tausende Touristen betrachten die hochaufragende Celsus-Bibliothek, aber noch viel beeindruckender ist das Wasserleitungssystem in den sogenannten Terrassenhäusern. Die damalige Geldelite leistete sich in ihren von kunstvollen Moasiken geschmückten Heimen die ersten privaten Toiletten mit Wasserspülung, und das vor über 2000 Jahren.

Die Ruinen von Ephesus sind von Mai bis Okt. tgl. geöffnet von 8–18.30, von Nov. bis April tgl. bis 16.30 Uhr. Der Teil, in dem die Terrassenhäuser liegen, kostet extra Eintritt.

9 Atlantis, The Palm, Dubai

Wir wissen, dass früher oder später alles im Meer landet. Warum also nicht gleich auf den Meeresgrund gehen? Im Hotel Atlantis, The Palm, in Dubai kann man sein Geschäft in der Poseidon- oder Neptun-Suite von Fischen umrundet erledigen. Die extrem teuren Unterwasser-Räumlichkeiten

DEZENTER LUXUS IM SAFARI-STIL, AUF MNEMBA ISLAND VOR DER KÜSTE VON SANSIBAR

bieten einen Blick auf über 65000 Meereslebewesen statt der resortüblichen Palmen und dem gleißenden Sand. Da die Suiten nur für reisende Würdenträger gedacht sind, gibt dies dem Begriff „Royal Flush" eine ganz neue Bedeutung.
Tagesbesuche auf der künstlichen Insel in Form einer Palme sind möglich, aber das eigentliche Erlebnis haben Sie nur bei Buchung einer der exklusiven Suiten. Infos: www.atlantisthepalm.com.

10 Mnemba Island, Sansibar, Tansania

Lassen wir Glitzer und Glanz von Toiletten aus Massivgold und ähnliche Kinkerlitzchen beiseite und gehen hinaus in die Natur, wenn sie uns ruft. Mnemba Island, ein Saumriff vor der Küste Sansibars, setzt die Idee einer Robinson-Idylle in einer Reihe strohgedeckter *bandas* (einfacher Hütten) direkt am Wasser elegant um. Freiluft-Toiletten geben einem das Zurück-zur-Natur-Gefühl, aber alles ist insgeheim de luxe: verdeckte Regenduschen, Designerartikel, Hotelbutler und jede Menge Platz – Robinson Crusoe hatte es nicht so schön.
Zimmerpreise 1500 US$ (1120 Euro) pro Person in der Hochsaison umfassen Vollpension und zwei Tauchgänge.

● *Von Brandon Presser*

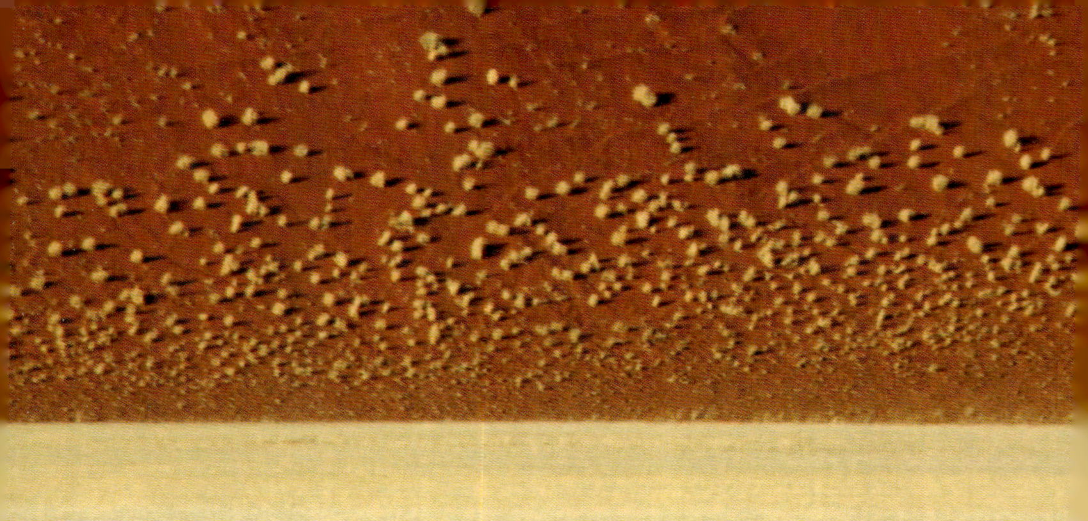

Index

DIETMAR PETRAUSCH © GETTY IMAGES

Impressum

Oktober 2014
Lonely Planet Publications Pty Ltd
www.lonelyplanet.com

HERAUSGEBER Piers Pickard
LEITENDE REDAKTEURIN UND PROJEKTMANAGERIN Jessica Cole
KORREKTORAT Bridget Blair
ART DIRECTOR Dan Tucker
LAYOUTDESIGNER Austin Taylor
PRODUKTION Tag
DRUCKPRODUKTION Larissa Frost

AUTOREN James Bainbridge, Sarah Baxter, Joe Bindloss, Abigail Blasi, Joshua Samuel Brown, Stuart Butler, Kerry Christiani, Fionn Davenport, Megan Eaves, Bridget Gleeson, Tom Hall, Ben Handicott, Anita Isalska, Virginia Jealous, Emily Matchar, Virginia Maxwell, Bradley Mayhew, Genevieve Paiement-Jacobson, Matt Phillips, Brandon Presser, Sarah Reid, Tim Richards, Tamara Sheward, Ryan Van Berkmoes, Tasmin Waby, Benedict Walker, Steve Waters, Luke Waterson, Cliff Wilkinson, Nicola Williams, Chris Zeiher
DANK AN Alberto Capano, Jenni Davis, Emeline Gontier, Lou La Grange, Georgina Leslie, Anirban Mahapatra, Piers Pickard, Nùria Puig, Tom Spurling, Cliff Wilkinson

Deutsche Ausgabe
1. Auflage Oktober 2014
REDAKTION Jens Bey
ÜBERSETZUNG Edigna Hackelsberger
COVER-GESTALTUNG Südgrafik

Printed in Spain

ISBN 978-3-8297-2392-3

Bild Umschlag vorn El Chaltén und Cerro Fitzroy, Argentinien – Marion Faria Photography © Getty *Bildnachweis* S. 2: Westlicher Flachlandgorilla, Republik Kongo, S. 6: Subotica, Nordserbien, S. 12: Medina von Fez, Marokko, S. 54: Gokyo-See, Khumbu, S. 96: Piazza del Duomo, Mailand, S. 204: Oryxantilope im Sossusvlei, Namibia, S. 207: Isla de Ometepe, Nicaragua, S. 208: Insel Flores, Indonesien

MIX
Papier aus verantwortungsvollen Quellen
FSC www.fsc.org
FSC® C105485

Das Papier in diesem Buch wurde nach den Forest Stewardship Council™-Richtlinien zertifiziert. FSC™ fördert die umweltfreundliche, sozialverträgliche und wirtschaftlich tragfähige Bewirtschaftung des weltweiten Waldbestands.

Best in Travel beginnt mit hunderten Ideen von jedermann bei Lonely Planet, inklusive unserer erweiterten Familie aus Reisenden, Bloggern und Twitter-Nutzern. Wenn wir dann davon überzeugt sind, dass wir die Sahnehäubchen der Reiseauswahl für 2015 gefunden haben, trifft eine repräsentative Gruppe von Reiseexperten hier im Haus die endgültige Entscheidung, basierend auf Aktualität, Begeisterungsfähigkeit, dem Preis-Leistungs-Verhältnis und diesem ganz speziellen X-Faktor. Dabei konzentrieren wir uns auf die Vorzüge jeder Destination und die einzigartigen Erfahrungen, die sie Reisenden verspricht. Auch wenn die Autoren und Lonely Planet selbst alle notwendige Sorgfalt bei der Erstellung dieses Buchs haben walten lassen, übernimmt der Verlag für den Inhalt keine Haftung.

MATTHEW MICAH WRIGHT © GETTY IMAGES

Travel planner

Lonely Planet's Best in Travel 2015

KIMBERLEY COOLE © GETTY IMAGES

Januar

Africa Cup of Nations, Marokko Afrikas wichtigste Fußballmeisterschaft wird dieses Jahr in Marokko ausgetragen. Spiele in den Stadien von Tanger, Rabat, Marrakesch und Agadir (17. Januar bis 7. Februar). *Seiten 50–53*

Ati-Atihan Festival, Kalibo, Philippinen Indigene Kostüme mit extravaganten modernen Verzierungen werden bei diesem lebendigen Tanz- und Musikfestival präsentiert (17. bis 19. Januar). *Seiten 42–45*

100-Jahr-Feier, Rocky-Mountain-Nationalpark, USA Der 100. Jahrestag der Unterzeichnung des Gesetzes zur Parkgründung durch Präsident Woodrow wird am 26. Januar groß gefeiert. *Seiten 60–63*

Februar

Sami Festival, Nordnorwegen Im ewigen Zwielicht des arktischen Winters veranstalten die Samen Anfang Februar eine Woche traditioneller Feiern – Highlight sind die Meisterschaften der Rentier-Rennen. *Seiten 72–75*

Opernball, Wien, Österreich Der Opernball (12. Februar) ist das Kronjuwel unter den 450 Bällen im Januar und Februar, hier tanzt man mit der Hautevolee Walzer, Foxtrott und Polonaise. *Seiten 126–129*

Neujahrsfest der Sherpa, Khumbu, Nepal Tibetische Oper, Maskentänze und selbst gebrautes *chang* (Gestenbier) verleihen den traditionellen Neujahrsfeiern einen besonderen Reiz. *Seiten 76–79*